ORBIS BIBLICUS ET ORIENTALIS

Im Auftrag des Biblischen Instituts der Universität
Freiburg Schweiz
des Seminars für biblische Zeitgeschichte
der Universität Münster i. W.
und der Schweizerischen Gesellschaft
für orientalische Altertumswissenschaft
herausgegeben von
Othmar Keel
unter Mitarbeit von Erich Zenger und Albert de Pury

Zum Autor:

Dr. theol. Eckart Otto (Jg. 44) Habil. 1975
– 1978–79 stellvertretender Direktor des Deutschen Evangelischen Instituts für Altertumswissenschaft des Heiligen Landes in Jerusalem
– 1980–85 Prof. für Altes Testament und Biblische Archäologie an der Universität Hamburg
– seit 1985 Prof. für Altes Testament und Palästinische Archäologie sowie Leiter der Forschungsstelle für Historische Palästinakunde an der Universität Osnabrück.

Veröffentlichung zum Thema:
Wandel der Rechtsbegründungen in der Gesellschaftsgeschichte des antiken Israel. Eine Rechtsgeschichte des «Bundesbuches» Ex XX 22–XXIII 13, Studia Biblica 3, Leiden 1988

ORBIS BIBLICUS ET ORIENTALIS 85

ECKART OTTO

RECHTSGESCHICHTE DER REDAKTIONEN IM KODEX EŠNUNNA UND IM «BUNDESBUCH»

EINE REDAKTIONSGESCHICHTLICHE UND RECHTSVERGLEICHENDE STUDIE ZU ALTBABYLONISCHEN UND ALTISRAELITISCHEN RECHTSÜBERLIEFERUNGEN

UNIVERSITÄTSVERLAG FREIBURG SCHWEIZ
VANDENHOECK & RUPRECHT GÖTTINGEN
1989

CIP-Titelaufnahme der Deutschen Bibliothek

Otto, Eckart:

Rechtsgeschichte der Redaktionen im Kodex Ešnunna und im «Bundesbuch»: e. red.-geschichtl. u. rechtsvgl. Studie zu altbabylon. u. altisraelit. Rechtsüberlieferungen / Eckart Otto.
– Freiburg, Schweiz: Univ.-Verl.; Göttingen: Vandenhoeck u. Ruprecht, 1989

(Orbis biblicus et orientalis; 85)
ISBN 3-525-53715-8 (Vandenhoeck & Ruprecht) Gb.
ISBN 3-7278-0602-8 (Univ.-Verl.) Gb.
NE: GT

Veröffentlicht mit Unterstützung des Hochschulrates
der Universität Freiburg Schweiz

Die Druckvorlagen
wurden vom Herausgeber als reprofertige
Dokumente zur Verfügung gestellt

Paulusdruckerei Freiburg Schweiz

ISBN 3-7278-0602-8 (Universitätsverlag)
ISBN 3-525-53715-8 (Vandenhoeck & Ruprecht)

Vorwort

Die hier vorgelegte Monographie ist Fortsetzung der 1988 erschienenen Arbeit zur Rechtsgeschichte des "Bundesbuches"[1],in deren Mittelpunkt redaktionsgeschichtliche Analysen des "Bundesbuches" und der dem "Bundesbuch" vorgegebenen Rechtssammlungen stehen. Wurde dabei eine Reihe von Redaktionstechniken altisraelitischer Rechtsüberlieferungen deutlich, so zeigt diese Arbeit anhand redaktionsgeschichtlicher Analysen zum Kodex Ešnunna, daß die altisraelitischen Redaktionstechniken Teil einer altorientalischen Rechtskultur sind. Parallelen in der Redaktion von Rechtssätzen zwischen dem Kodex Ešnunna und dem "Bundesbuch" werden ebenso deutlich wie die Vorgeschichte einiger altisraelitischer Redaktionstechniken im Keilschriftrecht. Die rechtsvergleichende Forschung wird sich also von der Fixierung auf den je einzelnen Rechtssatz lösen und die Entstehungsprozesse von Rechtssammlungen einbeziehen. Die alttestamentliche Exegese hat dazu in den letzten Jahrzehnten ein methodisches Instrumentarium erarbeitet, das auch für die literaturwissenschaftliche Analyse keilschriftlicher Rechtstexte von Nutzen sein kann. Umgekehrt kann der Exeget alttestamentlicher Rechtstexte der Literatur zum Keilschriftrecht entnehmen, wie bedeutsam neben der theologischen auch eine methodisch fundierte rechtshistorische Perspektive in der Analyse von altisraelitischen Rechtstexten ist[2]. Auf dem Felde der altorientalischen und altisraelitischen Rechtsgeschichte werden Keilschriftkunde und alttestamentliche Exegese dichter zusammenrücken und sich gemeinsam noch weiter rechtshistorischen Fragestellungen und Methoden öffnen. Darin gilt es, eine gute deutsche Tradition hochzuhalten, die nicht abreißen darf.

---

1) S. Verf., Rechtsbegründungen (*StudBibl* 3).

2) Vgl. dazu Verf., Interdependenzen (*Rechtshistorisches Journal* 7), (im Druck).

Vorwort

Diese Monographie entstand im Rahmen eines Forschungsprojektes zur Rezeptions- und Redaktionsgeschichte altorientalischer und altisraelitischer Rechtskorpora an der "Forschungsstelle für Historische Palästinakunde" der Universität Osnabrück. Ich danke meinen Mitarbeitern, Frau Dr.Gerlinde Mauer M.A., die einen Teil der Umschriften besorgte, Herrn Privat-Dozent Dr.Dr.Siegbert Uhlig und Frau Ingrid Kennedy-Mächtinger für die gute Zusammenarbeit, den Herausgebern der Reihe "Orbis Biblicus et Orientalis" für die Aufnahme dieser Arbeit in die Reihe und den Verlegern in Freiburg/Schweiz und Göttingen für ihre verlegerische Betreuung.

Der große Rechtshistoriker M.David hat 1937 in seiner Antrittsvorlesung auf dem Lehrstuhl für babylonisch - assyrische, israelitische und hellenistische Rechtsgeschichte an der Universität Leiden ein Programm zur antiken Rechtsgeschichte formuliert[1]: "Die Grundlage für eine rechtsgeschichtliche Betrachtung dürfen jeweils nur die Quellen des zu erforschenden Kulturgebiets selbst bilden. Aus ihnen muß das Tatsachenmaterial herausgearbeitet werden, aus ihnen müssen innerhalb der Grenzen, die dem Verstehen fremder Kulturen gesetzt sind, die Rechtsvorstellungen und Begriffe gewonnen werden, die vor allem zur Erkenntnis der Rechtsstrukturen führen, der höheren organischen Einheiten, die für einzelne Institute entscheidend sind. Diese Untersuchungen müssen mit einer Betrachtung anderer Kulturgebiete gepaart werden, mit der der Wirtschaft etwa, oder der der religiösen und sozialen Verhältnisse, sich sodann in vertikaler Richtung ausdehnen: Rechtsverhältnisse sind in ihrem historischen Ablauf zu verfolgen. Dies kann nicht nur zu einer Vertiefung unserer Anschauungen vom Wesen des Rechts einer bestimmten Epoche

---

[1]) Der Rechtshistoriker (*1937*), 22.

leiten, dadurch wird es mitunter auch möglich, die Entwicklungen von juristischen Ideen, von Grundvorstellungen eines Volkes zu erkennen".
Dieses Programm beschreibt nach wie vor aktuelle Aufgaben auf dem Felde des Keilschriftrechts und des altisraelitischen Rechts im Alten Testament.

Eckart Otto Osnabrück im Dezember 1987

Inhalt

1. Themenstellung

Die redaktionsgeschichtliche Analyse des altisraelitischen "Bundesbuches" (Ex 20,22-23,13) zeigt eine große Breite von Redaktionsverfahren zur Kompilation von Rechtssätzen[1]. Schon die der Redaktion des vordeuteronomistischen "Bundesbuches" überlieferungsgeschichtlich vorgegebenen, ursprünglich selbständigen Rechtssammlungen sind in komplexen Redaktionsverfahren redigiert worden. Die Sammlung Ex 21,2-22,26* ordnet überlieferungsgeschichtlich vorgegebene Rechtssatzgruppen chiastisch an:

- Ex 21,2-11 *Gesetze zum Schutz der Sklaven*
  - Ex 21,12-17 *Reihe todeswürdiger Verbrechen*
    - Ex 21,18-32 *Gesetze bei Verletzung körperlicher Integrität*
      - Ex 21,33-22,14 j^{e}šällem-*Gesetze*
    - Ex 22,15f. *Gesetz bei Verletzung körperlicher Integrität*
  - Ex 22,17-19 *Reihe todeswürdiger Verbrechen*
- Ex 22,20-26* *Gesetze zum Schutz der Fremdlinge und Armen*

Auch die zweite, in das "Bundesbuch" eingearbeitete Sammlung Ex 22,28-23,12 ist chiastisch aufgebaut:

- Ex 22,28f. *Gebote der Aussonderung für JHWH*
  - Ex 23,1-3 *Prozeßrecht*
    - Ex 23,4f. *Gebot der Solidarität mit dem Feind*
  - Ex 23,6-8 *Prozeßrecht*
- Ex 23,10-12 *Gebote der Aussonderung für JHWH*

---

[1]) S.zum Folgenden Verf., Rechtsbegründungen (*StudBibl* 3), 9ff.; vgl. den Forschungsüberblick zum "Bundesbuch" bei J.Halbe, Privilegrecht (*FRLANT* 114), 391ff. und G.Wanke, Art. Bundesbuch (*TRE* VII), 412ff.

Schon die in diese Sammlung aufgenommene Prozeßrechtssammlung Ex 23, 1-3.6-8 zeigt Ansätze chiastischer Redaktionsstruktur[1].

Mehrere ursprünglich selbständige Sammlungen in Ex 21,2-22,26 binden Rechtssätze unterschiedlicher Thematik in einem alternierenden A-B-Schema zusammen. So faßt die Sammlung der *j^ešällem*-Gesetze in Ex 21,33-22,14 auf diese Weise die ausdifferenzierten Bestimmungen der reinen Ersatzleistung mit den Sanktionsbestimmungen zusammen:

A: Ex 21,33-36	Ersatzleistung
B: *Ex 21,37-22,3*	*Sanktion*
A: Ex 22,4f.	Ersatzleistung
B: *Ex 22,6-8*	*Sanktion*
A: Ex 22,9-14	Ersatzleistung

Auch die Sammlung der Körperverletzungsfälle in Ex 21,18-32 faßt sklavenrechtliche Rechtssätze und solche, die den freien israelitischen Bürger betreffen, sowie Rechtssätze der zivilrechtlichen Ersatzleistung und der strafrechtlichen Todessanktion in einer alternierenden Anordnung zusammen. Die Sammlung apodiktischer Rechtssätze in Ex 21,12-17 ordnet innergentales und intergentales Strafrecht in einem A-B-Schema an.
Die Sammlungen des Depositenrechts in Ex 22,6-14[2] und der Körperver-

---

[1]) Chiastische Redaktionsstrukturen haben auch in anderen Literaturbereichen des Alten Testaments die Funktion der Zusammenfassung; vgl. F.I.Andersen, Sentence (*1974*), 119ff.; H.v.Dyke Parunak, Structure (*Bibl* 62), 163f.

[2]) S. dazu Verf., Depositenrecht (*ZSS* 105), (im Druck).

letzungsfälle in Ex 21,18-32[1] sind auf einen die Einzelfälle übergreifenden und allgemein formulierten, jeweils die Mitte der Sammlung bildenden Rechtssatz (Ex 22,8; 21,23b-25) bezogen und dadurch systematisiert worden.

Die Vielzahl und Komplexität der Redaktionsverfahren im altisraelitischen "Bundesbuch" läßt fragen, ob die altisraelitischen Redaktoren und Kompilatoren damit in einer in das Keilschriftrecht zurückreichenden Tradition stehen[2] und also Anteil an einer altorientalischen Rechtskultur haben[3], oder ob sich darin ein Spezifikum altisraelitischer Rechtsgeschichte niedergeschlagen hat.

Die redaktionsgeschichtliche Analyse keilschriftlicher Rechtskorpora steht an ihren Anfängen. Das gilt auch für den Kodex Ešnunna[4]. J.C.Miles/O.R.Gurney[5] vertraten 1949 die These, "it is impossible to discover any principle of order in the arrangement of these laws...

---

[1]) S. dazu Verf., Rechtssystematik (*UF* 19), 1-26.

[2]) Zur These eines "Keilschriftrechts" s. P.Koschaker, Keilschriftrecht (*ZDMG* 89), 1-39; vgl. zur Diskussion W.Schottroff, Recht (*VuF* 22), 10f. (Lit.).

[3]) Zum Begriff der altorientalischen Rechtskultur s. A.Alt, Ursprünge (*KlSchr.*1), 290; G.Cardascia, Droits (*PWCJS* 6), 63-70; H.J.Boecker, Recht (*NStB* 10), 11; C.Locher, Ehre (*OBO* 70), 381 Anm.1.

[4]) Zu Fundumständen, Zustand der Tafeln A/B und Datierungsfragen des Kodex Ešnunna s. grundlegend A.Goetze, Laws (*AASOR* 31), 1ff.; vgl. auch J.Klíma u.a. Art. Gesetze (*RLA* III), 252 (Lit.); R.Yaron, Laws (*1969*), 1ff.; E.Szlechter, Lois (*RIDA* 3/25), 109ff.; E.Bouzon, Leis (*1981*), 13ff.(Lit.).

[5]) Laws (*ArOr* 17/2), 175.

the drafting of these laws individually is not (with a few isolated exceptions) far, if at all, inferior to the drafting of the Code of Hammurabi, and it is impossible to suppose that any draftsman of such skill would have produced, or any king published, laws in such disorder as that shown above". G.R.Driver/J.C.Miles[1] verstehen die Redaktion des Kodex Ešnunna als "wholly unscientific; for example, the acquisition of a bride (§§ 17-18) is separated by debt (§§ 19-21) and distress (§§ 22-4) from taking a girl in marriage (§§ 25-8), and the collapse of a house (§ 37) is separated by half a dozen totally disparate subjects from the falling wall (§ 58). This chaotic lack of order suggests that these laws are not an original text but a collection of laws put together for such scholastic purposes, as the Sumerian Laws demonstrably are". Für V.Korošec[2] ist die "Systematik (sc. des Kodex Ešnunna) ziemlich primitiv. Immerhin merkt man das Bestreben des Urhebers, inhaltlich Verwandtes zusammenhängend zu behandeln". J.Klíma[3] hat den Aspekt unterstrichen, "daß sachlich zusammengehörige Bestimmungen doch mehrfach richtig nebeneinanderstehen. Vollständigkeit wurde vermutlich gar nicht erstrebt. Im übrigen wissen wir noch nicht, nach welchen Gesichtspunkten der CE kompiliert wurde". Die redaktionsgeschichtliche Analyse keilschriftlicher Rechtskorpora wurde erstmals durch zwei einschlägige Aufsätze von H.Petschow zum Kodex Hammurapi[4] und Kodex Ešnunna[5] auf ein neues Fundament gestellt. H.Petschow entfaltet "Ordnungsgesichtspunkte", unter

---

[1]) Laws, Bd.1 ([2]*1956*), 10.

[2]) S. Keilschriftrecht (*HO* I/3), 86.

[3]) S. Gesetze (*RLA* III), 253b.

[4]) Systematik (*ZA* 57), 146-172.

[5]) Systematik (*FS M.David*), 131-143.

denen die Rechtssätze im Kodex Ešnunna redigiert seien. Wie im Kodex Hammurapi finden sich auch im Kodex Ešnunna als Ordnungsgesichtspunkte einer Kompilation die Reihenfolge vom Höher- zum Geringerwertigen (CE §§ 7/8; 42/a; 44-47; 54/55; 56/57)[1], der zu erwartenden Häufigkeit der Fälle (CE §§ 12/13[?]; 22/23; 22/23 vor 24) und der chronologischen Ordnung (CE §§ 7/8; 17f.; 25-30; 22-24). Rechtsfälle, die mit Vertragsverhältnissen im Zusammenhang stehen, seien jeweils vor solchen aus unerlaubten Handlungen behandelt worden (CE § 6 nach CE §§ 4/5; CE § 31 nach CE §§ 25-30; die Gruppe der unerlaubten Handlungen CE §§ 42ff. nach den Vertragsverhältnissen allgemein bis CE § 41). "Am auffälligsten ist jedoch die Erscheinung der Attraktion, verursacht durch gewisse Stichworte oder Gedankenassoziationen[2]. Indessen scheint es sich dabei nicht überall nur um eine systemlose Attraktion gehandelt zu haben, sondern um das erkennbare Bestreben, ein jeweils angeschlagenes Thema möglichst an einer Stelle 'vollständig' - soweit das im Rahmen des Gesamtwerks gewollt ist - und zusammenhängend abzuhandeln .... Danach dürfte die 'Attraktion' mindestens nicht überall als ein ungeschickter, mehr oder weniger zufälliger Anlaß für die Einfügung 'sachfremder' Normen in einen thematischen Zusammenhang zu werten sein, sondern sie ist anscheinend auch durch ein ('listenmäßiges') Ordnungsdenken bestimmt, das vielleicht sogar fordert, daß ein einmal angeschlagenes Thema nach Möglichkeit in nahem 'lokalen' Zusammenhang zu erledigen ist. Dadurch entsteht zwangsläufig für den modernen-

---

1) Als Ausnahmen werden notiert: CE § 14; 43; 53 vor 54/55; s. H.Petschow, a.a.O. (*FS M.David*), 142 Anm.3.

2) CE §§ 5/6 zu CE § 4; CE § 31 zu CE § 26; CE § 51 zu CE § 50; CE § 52 zu CE § 51; CE § 9 zu CE §§ 7/8; CE § 12 zu CE §§ 7/10; CE § 13 zu CE § 12; CE § 17 zu CE § 16 (*mār awīlim*); s. H.Petschow, a.a.O. (*FS M.David*), 143 Anm.2.

wahrscheinlich aber nicht für den antiken - Beobachter der Eindruck eines Mangels an *innerer* Ordnung".

Hier setzen aber die Bedenken gegen diesen in der Fragestellung wegweisenden Aufsatz ein. Ist mit der Erhebung von "Ordnungsgesichtspunkten" den Thesen widersprochen, die Redaktoren des Kodex Ešnunna seien in ihrer Systematik "primitiv" und im Bemühen, thematisch verwandte Rechtssätze zusammenzuordnen, nur begrenzt erfolgreich gewesen, so bleiben doch die von H.Petschow erhobenen Redaktionskategorien rein formal und den Intentionen der Rechtssätze äußerlich[1]. Die Redaktionsarbeit wird auf die Gliederung des Stoffes reduziert. Eine rechtshistorische Interpretation der Redaktionsarbeit und ihre inhaltliche Vermittlung mit den redigierten Rechtssätzen fehlt bislang[2]. Aber auch die formale Gruppierung der Rechtssätze läßt viele Fragen offen, was

---

[1]) Dies gilt auch für den Versuch schematischer Anwendung der von H.Petschow erarbeiteten Ordnungskategorien auf das altisraelitische "Bundesbuch" durch V.Wagner, Systematik (*ZAW* 81), 176-182.; vgl. auch E.Zenger, Rezension (*ThRev* 74), 280.

[2]) Einen ersten Schritt in diese Richtung hat C.Boyer (Science Juridique [*Rec.de l'Acad. de Législation* 12], 45-51) bereits 1952 vorgelegt. Durch die redaktionelle, oft chronologische Zusammenordnung konkreter Rechtssätze um je einen "Kasus" solle implizit eine generelle Regel zum Ausdruck gebracht werden; vgl. dazu auch Verf., Rechtssystematik (*UF* 19), 1-26. Ähnlich auch J.Bottéro, Code (*ASNSP. L* 3. Ser 12/2), 430ff.- R.Westbrook (Marriage Law [*PH. D. Diss. Yale 1982*], Bd.1, 8ff.; vgl. ders./ C.Wilcke, Liability [*AfO* 25], 111ff.) zeigt anhand von CH §§ 9-13; 133-135 die Verbindung von rechtspraktischen Sätzen als Basis gelehrter theoretischer Sätze, die als allgemeine den speziellen, aus der Rechtspraxis stammenden Sätzen vorangestellt werden. W.v.Soden (Altorientalistik [*1985*], 125) rechnet im Gegensatz dazu mit einem Mangel an systematischer Ordnung der Gesetzessammlungen, so des CH, nicht zuletzt aufgrund der Verbindung von Reformgesetzen mit länger gültigen Bestimmungen des Straf-, Zivil-, Handels- und Arbeitsrechts.

R.Yaron[1] veranlaßte, die Konsistenz der Redaktionsarbeit im Kodex Ešnunna wieder skeptischer zu beurteilen. Insbesondere die Ehegesetzgebung lasse Zweifel aufkommmen, "whether there is any order in all this, or whether we are rather faced with a haphazard collection of unconnected legal rules". So sei der Abschnitt CE §§ 25-30 als Hauptteil der Ehegesetzgebung von CE §§ 17; 18 und CE § 59 getrennt. CE § 14 sei durch CE §§ 12; 13 als "unexplained intrusion" von CE § 11 getrennt[2]. Die sklavenrechtliche Gruppe CE §§ 49-52 sei "oddly placed" zwischen Rechtssätzen von Körperverletzungsfällen in CE §§ 42-48; 53-58. R.Yaron[3] kommt zu dem Schluß, "that to some degree like and like were put together, but that systematization did not go very far. This was then a desire to which the compiler did indeed devote some thought, but not too much".

Nach Abschluß des Manuskripts dieser Arbeit erschien der Aufsatz von B.L.Eichler[4], der die Anordung der Rechtssätze im Kodex Ešnunna aus der "presentation of polar cases and juxtaposition of legal cases to create legal statements"[5] erklärt. Damit ist ein wichtiger, über H.Petschow hinausgehender Gesichtspunkt in der Zusammenordnung einzelner Rechts-

---

[1]) Laws (*1969*), 53. Noch jüngst hat W.v.Soden (Altorientalistik [*1985*], 127) den Kodex Ešnunna als Korpus "ohne strenge Stoffgliederung" bezeichnet.

[2]) H.Petschows Erklärung (Systematik [*FS M.David*], 134), es handle sich um eine Attraktion zum Thema Ernte, weist R.Yaron (Laws [*1969*], 54) mit Recht als "not quite convincing" zurück.

[3]) Laws (*1969*), 55.

[4]) Structure (*AOS* 67), 71-84.

[5]) A.a.O., 81.

sätze erfaßt, der sich mit dem in der vorliegenden Arbeit herausgearbeiteten Aspekt der Einübung in die Abgrenzung von Rechtsfällen in ihren Rechtsfolgen berührt. Doch erklärt sich daraus nicht die Redaktion größerer Rechtssatzgruppen. So bleibt es nicht aus, daß B.L.Eichler[1] moderne Rechtsterminologie zur Zusammenfassung von CE §§ 15-24 als "law of contracts", CE §§ 25-35 als "law of personal status" und CE §§ 36-41 als "law of property" verwenden muß und also nicht über eine den Rechtssätzen äußerlich bleibende Stoffgliederung hinauskommt. Redaktionsverfahren und -intentionen werden so nicht erfaßt.

Dieser Forschungsstand[2] legt es nahe, die redaktionsgeschichtliche Arbeit im Kodex Ešnunna wieder aufzunehmen und auf bereits erzielte Ergebnisse aufbauend[3] weiterzuführen.

---

[1]) A.a.O., 77ff.

[2]) Weitere vor 1970 erschienene Lit. s. S.M.Paul, Studies (*VTS* 18), 106 Anm. 1.

[3]) Wertvolle methodische Anregungen verdanke ich den syntaktisch-formgeschichtlichen Analysen von Satzgefügen, von Themen- und akrophonen Formgruppen sowie des Formelgebrauchs in den Arbeiten von F.R.Kraus, Edikt (*SDIO* 5), bes. 182f. und ders., Verfügungen (*SDIO* 11), bes. 305f. Beachtenswert ist auch in diesem Zusammenhang die programmatische Feststellung von H.Sauren (Handel [*ZSS* 100], 53): "Daneben gilt, daß alle syntaktischen Elemente auch auf der juristischen Ebene nicht nur durch die Aussage, sondern auch durch ihre Anzahl und Verhältnisse zueinander bedeutungsvoll sind"; vgl. auch ders., Mariage (*RIDA* 3/33), 45-86.

2. Die Gruppierung von Rechtssätzen in CE §§ 15-35 um die Eherechtssammlung in CE §§ 17; 18; 25-28

In die eherechtlichen Bestimmungen in CE §§ 17; 18; 25-28 sind die Zinsbestimmungen CE §§ 18(a)-21 und pfandrechtlichen Regelungen CE §§ 22-24 eingefügt. Den Ehegesetzen folgen die Wiederverheiratungsbestimmungen CE §§ 29-31 und Bestimmungen zur Kinderpflegschaft CE §§ 32-35. Vorangestellt sind Bestimmungen zur Einschränkung der Geschäftsfähigkeit in CE §§ 15; 16. Die redaktionsgeschichtliche Analyse will die den Redaktor bei dieser Zusammenstellung leitende Logik der Redaktion erfassen und rechtshistorisch interpretieren. Dazu aber muß in vorausgehenden Arbeitsschritten deutlich werden, welche Rechtssatzgruppen und -sammlungen dem Redaktor überlieferungsgeschichtlich vorgegeben waren. Auch diese sind einer redaktionsgeschichtlichen Analyse zu unterziehen, um sie in ihrer je eigenen Rechtsintention zu erfassen. Dazu soll der recht einfach strukturierte Abschnitt der pfandrechtlichen Bestimmungen in CE §§ 22-24 an den Anfang gestellt werden.

2.1 Die Pfandrechtsbestimmungen in CE §§ 22-24

Text

CE § 22: A ii 15-18

šumma awīlum eli awīlim mimma

lā īšu=ma amat awīlim ittepe bēl amtim nīš ilim i[zakka]r mimma eli=ja

lā tīšu kaspam

mala idi amtim išaqqal

CE § 23: A ii 19-21

šumma awīlum eli awīlim mimma lā īšu=ma

amat awīlim ittepe nipûtam ina bīti=šu ikla=ma
uštamīt 2 amātim ana bēl amtim irīab

CE § 24: A ii 22-25
šumma mimma eli=šu lā īšu=ma
aššat muškēnim mār muškēnim ittepe
nipûtam ina bīti=šu ikla=ma uštamīt dīn napištim
nēpû ša ippû imât

Übersetzung

CE § 22

Wenn ein *awīlum* gegenüber einem anderen nichts (an Anspruch) hat und die Sklavin des *awīlum* in Schuldhaft fortführt, soll der Herr der Sklavin einen Eid bei Gott schwören: "du hast gegen mich nichts (an Anspruch)"; soviel Silber, wie dem Lohn einer Sklavin entspricht[A], soll er bezahlen.

CE § 23

Wenn ein *awīlum* gegenüber einem anderen nichts (an Anspruch) hat und die Sklavin des *awīlum* in Schuldhaft nimmt und als Schuldhäftling in seinem Hause zurückhält und den Tod verursacht, soll er zwei Sklavinnen dem Herrn der Sklavin ersetzen.

CE § 24

Wenn er nichts (an Anspruch) hat und die Frau eines *muškēnum*[B] (oder) den Sohn eines *muškēnum* in Schuldhaft nimmt, den Schuldhäftling in seinem Haus zurückhält und den Tod verursacht, ist es ein Kapitalverbrechen. Der, welcher in Schuldhaft geführt hat, soll sterben.

A) So mit W.v.Soden, Beiträge (*ArOr* 17/2), 370; ders. Neubearbeitungen (*OLZ* 53), 520; J.C.Miles/O.R.Gurney, Laws (*ArOr* 17/2), 183; R.Haase, Miszellen II (*ZvR* 67), 143; B.Landsberger, Jungfräulichkeit (*FS M.David*), 74; J.Klíma, Art. Gesetze (*RLA* III), 255b; R.Yaron, Laws (*1969*), 183ff. gegen A.Goetze (Laws [*AASOR* 31], 73 Anm. 37) und E.Szlechter (Lois [*1954*], 21; ders., Saisie [*FS P.de Francisci*], Bd.1, 276.281; ders., Lois [*RIDA* 3/25], 124 Anm. 38), die lesen: *mala taḫḫi amtim išaqqal* ("er soll soviel, wie dem Wert einer Sklavin entspricht, zahlen"). Die Lesung von *taḫḫum* in CE § 53 ist unsicher und kann nicht Argument in CE § 22 sein. Der Sanktionsgedanke sollte nicht auf dem Wege der Konjektur des Textes eingetragen werden. So ist daraus auch kein Argument gegen die von W.v.Soden vorgeschlagene Lesart zu gewinnen; gegen R.Yaron (Laws [*1969*], 184f.), der feststellt: "Against von Soden weighs the absence of any penal element in a payment *mala idi amtim*".

B) Das Verhältnis von *muškēnum* zu *awīlum* in CE § 24 ist strittig. *eli=šu* weist syntaktisch zurück auf *awīlum* in CE § 23, doch ist damit noch kein Argument für die Identifizierung von *muškēnum* mit *awīlum* gewonnen, da in CE § 24 keineswegs "das zweite *lú* von § 23, worauf sich das Pronomen von *elišu* bezieht, durch MAŠ.EN.KAK wiederaufgenommen" wird; gegen F.R.Kraus, Edikt (*SDIO* 5), 151; vgl. ders., Mensch (*MNAW.L* [N.S.] 36/6), 116f.; ders., Verfügungen (*SDIO* 11), 329ff.; vgl. auch I.Cardellini, "Sklaven"-Gesetze (*BBB* 55), 54f.

Die Rechtssätze in CE §§ 22-24 gliedern sich in folgende, jeweils Protasis und Apodosis unterteilende Strukturelemente:

Protasis

CE § 22

A: *šumma awīlum eli awīlim mimma lā īšu=ma*

B[1]: *amat awīlim ittepe*

CE § 23

A: *šumma awīlum eli awīlim mimma lā īšu=ma*

B[1]: *amat awīlim ittepe*

C: *nipûtam ina bīti=šu ikla=ma uštamīt*

CE § 24

A*: *šumma mimma eli=šu lā īšu=ma*

B[2]: *aššat muškēnim mār muškēnim ittepe*

C: *nipûtam ina bīti=šu ikla=ma uštamīt*

Apodosis

CE § 22

D: *bēl amtim nīš ilim i[zakka]r mimma eli=ja lā tīšu*

B: *kaspam mala idi amtim išaqqal*

CE § 23

F: 2 *amātim ana bēl amtim iriab*

CE § 24

G: *dīn napištim nēpû ša ippû imât*

Das Element A in CE § 24 *šumma mimma eli=šu lā īšu=ma* ist eine Kurzfassung dieses Elements in CE §§ 22; 23 *šumma awīlum eli awīlim mimma lā īšu=ma*, durch das CE § 24 besonders eng an die voranstehenden

Rechtssätze angeschlossen wird. Das Element B differenziert das Objekt zu *ittepe* in *amat awīlim* "Sklavin des Mannes" (B^1) und *aššat muškēnim mār muškēnim* "Frau eines *muškēnum* und Sohn eines *muškēnum*" (B^2). CE §§ 22; 23 sind in den Apodosen dadurch eng aufeinander bezogen, daß der Beweis des Nichtbestehens einer Forderung durch einen Eid im Strukturelement D *bēl amtim nīš ilim i[zzaka]r mimma eli=ja lā tīšu* (CE § 22) auch für CE § 23 vorauszusetzen ist.

Es zeigt sich in graphischer Darstellung folgender Aufbau von CE §§ 22-24:

	Protasis			Apodosis			
	A	$B^{1/2}$	C	D	E	F	G
§ 22	X	X^1	X	X	X		
§ 23	X	X^1	X	(X)		X	
§ 24	X*	X^2	X				X

Die Rechtssätze CE §§ 22-24 sind jeweils durch vier Strukturelemente gegliedert und gewinnen Zusammenhang und Abgrenzung der jeweiligen Rechtsfälle durch Übereinstimmungen und Differenzen innerhalb dieser vier Strukturelemente. Die Rechtssätze werden durch das Strukturelement A zusammengebunden. CE § 24 wird durch die Kurzform des Elementes A von den beiden voranstehenden Paragraphen abgehoben. So wird der akrophone Gleichklang unterbrochen und eine Zäsur markiert, der der

Objektwechsel im Strukturelement B korrespondiert. Die Zäsur wird dadurch im Element B explizit: Die Rechtssätze CE §§ 22; 23 sind durch das Strukturelement B^1 zu einer Untergruppe innerhalb der Einheit CE §§ 22-24 zusammengefügt. CE § 24 wird durch den Objektwechsel von *amat awīlim* zu *aššat muškēnim mār muškēnim* von CE §§ 22; 23 abgegrenzt. Innerhalb von CE §§ 22; 23 wird CE § 23 durch das Strukturelement C von CE § 22 abgehoben. Geht es in CE § 22 nur um die widerrechtliche Pfändung einer Sklavin, so steigert CE § 23 die Schwere des Falles durch das Motiv des Todes der widerrechtlich gepfändeten Sklavin im Hause des Pfänders. Durch das Element C werden CE § 23 und CE § 24 miteinander verknüpft. Durch die Differenzierung in $B^{1/2}$ wird der Fall des Todes von Frau und Sohn eines *muškēnum* im Hause des Pfänders vom Fall des Todes einer Sklavin in diesem Haus abgegrenzt.

Die Struktur läßt die Intention der Redaktion erkennen. Ähnliche, in Einzelzügen parallele, in der jeweiligen Rechtsfolge aber zu unterscheidende Rechtsfälle sollen voneinander abgegrenzt werden. Die drei Rechtssätze CE §§ 22-24 behandeln Fälle, in denen ein *awīlum* ohne Rechtsanspruch[1] einen Menschen zum Pfand nimmt. Die beiden Rechtssätze CE §§ 22; 23 behandeln die unrechtmäßige Pfandnahme einer Sklavin, CE § 24 die unrechtmäßige Pfandnahme der Frau oder des Sohnes eines *muškēnum*. In CE §§ 22; 23 werden die sklavenrechtlichen Fälle mit und ohne Todesfolge voneinander abgegrenzt. Vom Fall des Todes der Sklavin ist wiederum der Fall des Todes der Frau oder des Sohnes eines *muškēnum* gesondert. Die Abgrenzung analoger Fälle zielt auf die

---

1) Erstaunlich ist, daß im Strukturelement D allein der assertorische Eid des Pfändungsgegners als Beweis des Nichtbestehens einer Forderung reicht, nicht aber wie in CH § 114 der Urkunden- oder Zeugnisbeweis gefordert wird; s. dazu auch H.Petschow, Rezension (*ZA* 54), 270.

Differenzierung in den Rechtsfolgen. In den Apodosen gibt es bei den Strukturelementen D/E/F/G keine Übereinstimmungen. Dennoch sind CE §§ 22-24 auch in den Rechtsfolgebestimmungen nach einem Redaktionsprinzip zusammengeordnet: CE § 22 fordert den einfachen Ersatz der Arbeitsleistung des Sklaven *kaspam mala idi amtim išaqqal*, CE § 23 den doppelten Ersatz der Sklavin 2 *amātim ana bēl amtim iriab*. CE § 24 schließlich fordert die Todesstrafe *dīn napištim nēpû ša ippû imât*. Die Rechtsfolgebestimmungen sind also in der Spanne von reiner Ersatzleistung bis zur Todessanktion unter dem Gesichtspunkt der sich steigernden Härte der Sanktion zusammengeordnet worden.

Mit der redaktionellen Strukturierung von CE §§ 22-24 wird auch die Intention der Zusammenstellung dieser Gesetze erkennbar. *In Parallelität und Differenz der Protasen werden analoge Fälle zusammengestellt, deren jeweils unterschiedliche Rechtsfolgen einem Rechtsentscheid im Analogieschluß entgegenstehen.* Der Fall der unrechtmäßigen Pfändung einer Sklavin mit Todesfolge ist nicht nach CE § 22 durch reine Ersatzleistung zu regeln. Diese Fälle aus unrechtmäßiger Pfändung der Frau oder des Sohnes eines *muškēnum* sind nicht durch die Sanktion der doppelten Ersatzleistung zu regeln, sondern fallen unter das Todesrecht.

2.2 Die Eherechtssammlung in CE §§ 17; 18; 25-28

Ähnliche Redaktionsstrukturen wie in CE §§ 22-24 sind auch in der Ehegesetzessammlung CE §§ 17; 18; 25-28 zu erkennen.

Text

CE § 17: A ii 2-4; B i 13-15

mār awīlim ana bīt emim terḫatam lībil=ma

šumma ina kilallīn ištēn ana šimtim ittalak

kaspum ana bēli=šu=ma itâr

CE § 18: A ii 4-5; B i 16-18

šumma īḫus=si=ma ana bīti=šu īrub lū āḫizānu lū kallātum ana šimtim ittalak mala ublu ul ušeṣṣe watar=šu=ma ileqqe

CE § 25: A ii 26-28

šumma awīlum ana bīt emi issi=ma

emu=šu ikši=šu=ma māras=su ana [šanîm] ittadin

abi mārtim terḫat imḫuru tašna utār

CE § 26: A ii 29-31

šumma awīlum ana mārat awīlim terḫatam ūbil=ma

šanû balum šâl abi=ša u/ū ummi=ša imšuḫ=ši=ma

ittaqab=ši dīn napištim=ma imât

CE § 27: A ii 31-34

šumma awīlum mārat awīlim balum šâl

abi=ša u/ū ummi=ša īḫus=si=ma u/ū kirrum u/ū

riksātim ana abi=ša u/ū ummi=ša lā iškun ūmi šanat

ištiat ina bīti=šu līšim=ma ul aššat

CE § 28: A ii 34-37; B ii 1-l

šumma ul riksātim

u/ū kirram ana abi=ša u/ū ummi=ša iškun=ma

iḫus=si aššat ūm ina sūn awīlim iṣṣabbatu imât
ul iballuṭ

Übersetzung

CE § 17

Wenn der Sohn eines *awīlum* in das Haus des Schwiegervaters den Brautpreis bringt - wenn einer von beiden stirbt[A], kehrt das Geld zu seinem Eigentümer zurück.

CE § 18

Wenn er sie heiratet und in sein Haus führt, dann entweder der Bräutigam oder die Schwiegertochter[B] stirbt, soviel wie er eingebracht hat, wird er nicht hinausgehen lassen, aber seinen Überschuß wird er (sie) nehmen.

CE § 25

Wenn ein *awīlum* zum Hause des Schwiegervaters ruft[C], und sein Schwiegervater ihn ungerecht behandelt[D] und seine Tochter einem (anderen Manne) gibt, soll der Vater der Tochter den Brautpreis, den er empfangen hat, doppelt zurückgeben.

CE § 26

Wenn ein *awīlum* für die Tochter eines Mannes den Brautpreis bringt und ein anderer sie, ohne ihren Vater und/oder ihre Mutter zu fragen, raubt und defloriert, ist es ein Kapitalverbrechen. Er soll sterben.

CE § 27

Wenn ein *awīlum* die Tochter eines Mannes heiratet, ohne ihren Vater und/oder ihre Mutter zu fragen, und weder ein Fest noch einen Vertrag ihrem Vater und/oder ihrer Mutter gibt, sei es, daß sie ein ganzes Jahr in seinem Haus wohnt, ist sie keine Ehefrau.

CE § 28

Wenn er auch (nicht) einen Vertrag und/oder ein Fest[E] für ihren Vater und/oder ihre Mutter gibt und sie heiratet - an dem Tag, an dem sie im Schoß eines *awīlum* gefunden wird, soll sie sterben. Sie soll nicht leben.

A) Der kursiv gesetzte Teil der Apodosis in CE § 17 und der Protasis in CE § 18 ist in Tafel A aufgrund des Homoioteleuton *ana šimtim ittalak* ausgefallen; s. A.Goetze, Laws (*AASOR* 31), 13; R.Yaron, Laws (*1969*), 3f.; R.Westbrook, Marriage Law (*Ph. D. Diss. Yale 1982*), Bd.1, 48.
Die Annahme eines Schreiberfehlers halte ich für wahrscheinlicher als E.Szlechters Versuch (Interprétation [*RIDA* 3/17], 87ff.), daraus die These einer literarischen Überarbeitung zu rekonstruieren, die die ursprünglich in einem Rechtssatz geregelten Fälle des Todes eines der Eheleute vor und nach Vollzug der Ehe trennen wollte.

B) Die Lesung *lū āḫizānu lū kallātum* folgt B.Landsberger, Jungfräulichkeit (*FS M.David*), 73; R.Yaron, Laws (*1969*), 116f.; E.Bouzon, Leis (*1981*), 79f.; s. dort auch die Zusammenfassung der Diskussion. Zu *kallātum* s. R.Westbrook, Marriage Law (*Ph. D. Diss. Yale 1982*), Bd.2, 20ff.

C) Zum Ausdruck *ana bīt emim šasûm* vgl. A.Goetze, Laws (*AASOR* 31), 77f.; F.R.Kraus, Edikt (*SDIO* 5), 57ff.; R.Yaron, Laws (*1969*), 125ff.; J.J.Finkelstein, *šasū* (*RA* 61), 127-136; R.Westbrook, Marriage Law (*Ph.*

D. Diss. Yale 1982), Bd.1, 49; Bd.2, 82ff.; J.Klíma, Règlement (*FS K. Oberhuber*), 110 bes. Anm.22.; Belege s. BM 80754 und U.16900 F; vgl. C.J.Gadd, Sketches (*Iraq* 25), 177ff. Der Ausdruck bezeichnet die durch die Bezahlung des Brautpreises konstituierte Forderung an den Schwiegervater. Zur Bedeutung von *šasûm* "Forderungen/Ansprüche stellen" s. *AHw* 1196a. Die Interpretation von *bīt emim* als "bridal chamber" durch J.J.Finkelstein (a.a.O. [*RA* 61], 131f.) ist der literalen Übersetzung nicht vorzuziehen (s. R.Yaron, Laws [*1969*], 126f.) und damit auch nicht J.J.Finkelsteins Übersetzung der Phrase mit "announce the wedding".

D) Zu *kašûm* s. *AHw* 463b; kritisch dagegen *CAD* K 294a. J.J.Finkelstein (a.a.O. [*RA* 61], 135 Anm.1) schlägt statt *ik-ši-šu-ma/šu* die Lesung *ikkir=šu* vor; dagegen kritisch R.Westbrook, Marriage Law (*Ph. D. Diss. Yale 1982*), Bd.1, 49: "ruled out by the photograph".

E) Zu *kirrum* als kultischem "Libations"-Ritus s. S.Greengus, Ceremonies (*JCS* 20), 62ff.; anders B.Landsberger, Jungfräulichkeit (*FS M.David*), 76ff.: "Hochzeitsgelage"; vgl. auch R.Westbrook, Marriage Law (*Ph. D. Diss. Yale 1982*), Bd.1, 52; Bd.2, 53ff.

Die Rechtsfallbeschreibungen der Protasen dieser Rechtssätze in CE §§ 17; 18; 25-28 gliedern sich in folgende Strukturelemente:

CE § 17

A^1: *mār awīlim ana bīt emim terḫatam lībil=ma*

B: *šumma ina kilallīn ištēn ana šimtim ittalak*

CE § 18

C: *šumma īḫus=si=ma ana bīti=šu īrub*

B: *lū āḫizānu lū kallātum ana šimtim ittalak*

CE § 25

A²: *šumma awīlum ana bīt emi issi=ma*

D: *emu=šu ikši=šu=ma māras=su ana [šanîm] ittadin*

CE § 26

A³: *šumma awīlum ana mārat awīlim terḫatam ūbil=ma*

E: *šanû imšuḫ=ši=ma ittaqab=ši*

F¹: *balum šâl abi=ša u/ū ummi=ša*

CE § 27

F²: *šumma awīlum mārat awīlim balum šâl abi=ša u/ū ummi=ša īḫus=si=ma*

G¹: *u/ū kirrum u/ū riksātim ana abi=ša u/ū ummi=ša lā iškun*

H: *ūmi šanat ištiat ina bīti=šu*

CE § 28

G²: *šumma ul riksātim u/ū kirram ana abi=ša u/ū ummi=ša iškun=ma*

H: *īḫus=si aššat ūm ina sūn awīlim iṣṣabbatu*

Die Strukturelemente A¹⁻³ sind aufeinander bezogen und deshalb unter einer Signatur zusammengefaßt. F¹ in CE § 25 wird in der konditionalen Eröffnung von CE § 27 (F²) aufgenommen. Dieses wiederholt sich mit dem Strukturelement G¹ in CE § 26, das in der konditionalen Eröffnung von CE § 28 (G²) aufgenommen wird. Graphisch stellt sich die Struktur der aufgelisteten Elemente von CE §§ 17; 18; 25-28 folgendermaßen dar:

	A	B	C	D	E	F	G	H
§ 17	X[1]	X						
§ 18		X	X					
§ 25	X[2]			X				
§ 26	X[3]				X	X[1]		
§ 27						X[2]	X[1]	
§ 28							X[2]	X

CE § 18 ist durch die Eröffnung *šumma iḫus=si=ma ana bīti=šu īrub*, deren Subjekt und implizites Objekt sich auf CE § 17 beziehen und nur von CE § 17 her verständlich sind, eng mit CE § 17 zusammengeschlossen. CE § 18 soll in der Rechtsfolge von CE § 17 abgegrenzt werden. Die Spaltung der Protasis[1] in die Strukturelemente A[1] und B mit der Nachordnung des Konditionalsatzes des Strukturelementes B hinter die

[1]) S.dazu R.Yaron, Laws (*1969*), 62f. Die weitreichenden überlieferungsgeschichtlichen Rekonstruktionen, die H.Sauren (Mariage [*RIDA* 3/33], 48f.) darauf aufbaut, sind hier wie auch im Ganzen sehr hypothetisch. Die jeweils die Analysen tragende Voraussetzung, daß die kürzeste rekonstruierbare Textgestalt auch die ursprüngliche sei, ist nicht nur methodisch durch die Formgeschichte überholt, sondern ist von zirkulärer Argumentation begleitet, da die Kurzformen nur hypothetisch rekonstruierbar sind.

Eröffnung *mār awīlum ana bīt emim terḫatam lībil=ma* läßt dieses Strukturelement zu einer CE §§ 17; 18 übergreifenden Klammer werden, auf die sich die Protasis von CE § 18 bezieht. Der schon auf der Sprachebene vollzogene Zusammenschluß dieser beiden Rechtssätze bestätigt sich in ihrer rechtlichen Interpretation. CE § 17 und CE § 18 haben das Strukturelement B gemeinsam. Die unterschiedlichen Rechtsfolgebestimmungen in diesen Rechtssätzen beruhen auf der Abgrenzung der Fälle durch die Strukturelemente A und C. Dabei wird durch das Strukturelement C das Strukturelement A differenziert: In CE § 17 geht es um den Fall, daß der Brautpreis entrichtet und, wie aus CE § 18 als Gegenfall zu entnehmen, die Ehe noch nicht vollzogen wurde. Im Falle des Todes von Braut oder Bräutigam wird der Brautpreis vom Schwiegervater zurückgezahlt. Im Falle, daß die Ehe vollzogen wurde, wird der Brautpreis wie ein Darlehen behandelt[1] und Zins[2] angerechnet. CE § 25 schließt

---

[1]) Die Interpretation von CE § 18 wird erschwert durch die mangelnde Eindeutigkeit des Subjekts von *ušeṣṣe* und *ileqqe*; s. den Überblick der Diskussion bei R.Yaron, Laws (*1969*), 116ff.; E.Bouzon, Leis (*1981*), 80ff.

[2]) S. M.San Nicolò, Bilalama (*Or* N.S.18), 259. - R.Yaron (Mishaps [*JSS* 8], 2ff.; ders., Laws [*1969*], 120f.), A.Goetze (Laws [*AASOR* 31], 61), J.J.Finkelstein (Studies [*JAOS* 90], 250), R.Westbrook (Marriage Law [*Ph. D. Diss. Yale 1982*], Bd.1, 48), H.Petschow (Rezension [*ZA* 54], 269f.) und J.Klíma (u.a.) (Art. Gesetze [*RLA* III], 254b; vgl. auch E.Szlechter, Interprétation [*RIDA* 3/17], 90ff.) deuten *watrum* auf die Differenz zwischen *terḫatum* und *šeriktum* unter Eintragung von CH §§ 163; 164 in den Zusammenhang von CE § 18. Dem steht entgegen, daß in der Ehegesetzgebung des Kodex Ešnunna von *šeriktum* nicht die Rede ist. B.Landsberger (Jungfräulichkeit [*FS M.David*], 73) hat in diesem Zusammenhang das *šeriktum* - Motiv als einen *deus ex machina* bezeichnet. Dagegen spricht auch, daß die finanziellen Besitzstände der Eheleute in altbabylonischer Zeit nicht miteinander vermischt wurden; vgl. J.Klíma, Règlement (*FS K.Oberhuber*), 112. Die sich in CE §§ 18(a). 19-21 anschließenden Zinsregelungen weisen einen anderen Weg. Der Brautpreis fällt im Todesfalle der Frau an den Ehemann zurück und wird um den Zinsertrag

mit der Eröffnung *šumma awīlum ana bīt emim issi=ma* (A²), die den durch den Brautpreis konstituierten Anspruch gegen die Familie der Braut bezeichnet, an CE § 17 an.
CE § 26 ist durch das Eröffnungselement A³ mit dem vorhergehenden Fall verbunden und von diesem abgegrenzt. In diesem Falle geht es um ein Delikt nach Bezahlung des Brautpreises. Darin ist CE § 26 mit CE § 17; 18 verbunden. A³ verknüpft entsprechend Formulierungen aus A¹ mit solchen aus A². Geht es in CE §§ 17; 18 um Fälle nach Bezahlung des Brautpreises, die durch den Tod von Braut oder Bräutigam ausgelöst werden, und in CE § 25 um die Weggabe der Braut an einen Dritten durch den Schwiegervater nach Bezahlung des Brautpreises[1], so regelt CE § 26 den Fall des Raubes der Braut durch einen Dritten nach Bezahlung des Brautpreises durch den Bräutigam.
Die Verknüpfung von CE § 26 mit CE §§ 17; 25 durch das Strukturelement A³ und die Abgrenzung durch das Element E zeigen die Intention, die die Zusammenstellung dieser Rechtssätze leitete: Es soll trotz Parallelitäten zwischen CE §§ 17; 25 und CE § 26 keine Analogie in den Rechtsfolgen geben: Weder durch Bezahlung des einfachen Brautpreises in Analogie zu CE § 17 noch durch das duplum in Analogie zu CE § 25 ist der Fall der Raubehe mit einem bereits verlobten Mädchen zu regeln, sondern dieser Fall ist mit dem Tod des Täters zu sanktionieren. *Es geht in der Zusammenstellung dieser Fälle darum, falschen Analogieschlüssen in den Rechtsfolgen zu wehren.*

---

der Summe für die Dauer der Ehe als Äquivalent der Nutznießung im Vollzug der Ehe gekürzt; vgl. auch F.M.Th.de Liagre-Böhl, Wetboek (*JESHO* 11), 100 Anm. 19.

[1]) Zur Regelung eines derartigen Falles s. B.Kienast, Urkunden (*Freib. Altorient. Stud.* 2), 53ff. (Nr.91). 89f.

In CE §§ 17; 18; 25; 26 geht es um Fälle, die durch Bezahlung oder Nichtbezahlung des Brautpreises sowie Vollzug oder Nichtvollzug der Ehe voneinander abgegrenzt, durch das Strukturelement A in der Eröffnung aber miteinander verbunden sind. Die Rechtssätze CE §§ 27; 28 werden dagegen jeweils mit einem Strukturelement des vorhergehenden Rechtssatzes eröffnet. CE § 27 grenzt den Fall, daß jemand ohne die Eltern zu fragen und, so ist implizit mitgesetzt, ohne den Brautpreis zu bezahlen[1], ein unverlobtes Mädchen heiratet, von dem Fall ab, daß jemand ohne die Eltern zu fragen ein verlobtes Mädchen, für das der Brautpreis bereits bezahlt ist, widerrechtlich nimmt (CE § 26). Der in CE § 27 behandelte Fall fällt in Abgrenzung von CE § 26 nicht unter die Kapitalverbrechen. Es wird nur die rechtliche Ungültigkeit der Ehe auch nach einem längeren Zeitraum verfügt[2]. Der Fall CE § 27 kann also trotz des wie in CE § 26 fehlenden Einverständnisses der Eltern (F) nicht in Analogie zu CE § 26 gehandhabt werden. CE § 27 wird deshalb in den Rechtsfolgen von CE § 26 abgegrenzt.

CE § 28 nimmt aus CE § 27 das Strukturelement G, das Motiv der nicht rite geschlossenen Ehe auf. Auch in diesem Fall ist Ehebruch ein Kapitalverbrechen. Daß die Eheschließung nicht rite vollzogen wurde,

---

1) S. R.Yaron, Laws (*1969*), 112. Zur Funktion des Ehe-Kontraktes (*riksātum*) vgl. CH § 128; s. den forschungsgeschichtlichen Überblick bei A.J.Skaist, Family Law (*Ph. D. Diss. Univers. of Pennsylvania 1963*), 25ff.43ff.

2) A.Goetze (Laws [*AASOR* 31], 81) interpretiert *ul aššat* als Ledigsein; anders P.Koschaker, Eheschließung (*ArOr* 18), 283 Anm. 91; vgl. auch zur Diskussion A.J.Skaist, Family Law (*Ph. D. Diss. Univers. of Pennsylvania 1963*), 30f. - R.Westbrook (Marriage Law [*Ph. D. Diss. Yale 1982*], Bd.2, 164f.) interpretiert diesen Rechtssatz aus der Intention der Abgrenzung von der Ehe einer Witwe oder Waise, die unter entsprechenden Bedingungen gültig sei. Weder Text nocht Kontext des Rechtssatzes geben darauf einen Hinweis.

darf nicht dazu führen, daß eine Frau, die mit einem anderen Mann angetroffen wird, unter der Voraussetzung von CE § 27 nicht bestraft wird. Einem Analogieschluß in der Rechtsfolge, der sich auf gemeinsame Tatbestandsmerkmale unter Übergehung der Differenzen berufen könnte, soll gewehrt werden.

Die Strukturierung der Ehegesetze CE §§ 17; 18; 25-28 durch die Strukturelemente A-H, die weder in den CE § 17 vorangehenden noch in den CE § 28 folgenden Rechtssätzen und den eingefügten Zins- und Pfandbestimmungen in CE §§ 18(a); 19-24 enthalten sind, grenzen die Ehegesetze gegen ihren Kontext ab. Es handelt sich um eine ursprünglich selbständige, vom Redaktor des Kodex Ešnunna aufgenommene Sammlung[1], die eine der Strukturierung auf der Sprachebene entsprechende Systematik der wechselseitigen Interpretation der Rechtssätze als Teile des Ganzen der Sammlung[2] aufweist. Prinzip der Redaktion ist die Abgrenzung der Rechtsfolgebestimmungen in Fällen, die analog in dem Sinne sind, daß in den Tatbestandsbestimmungen identische und differente Tatbestände zusammenfließen. Die Abgrenzungen wehren dem Analogieschluß in den Rechtsfolgen.

Der Eindruck, es fehle dem Abschnitt zum Eherecht des Kodex Ešnunna ein Bemühen um Vollständigkeit, während Aufmerksamkeit eher isolierten

---

[1]) S. V.Korošec, Keilschriftrecht (*HO* I/3), 86.

[2]) Zum antiken Systemgedanken s. O.Ritschl, System (*1906*), 7f.; N.Luhmann, Ausdifferenzierungen(*1981*), 242; Verf., Rechtsbegründungen (*StudBibl* 3), 66ff.

Randfragen gewidmet sei[1], ist kaum zutreffend und kann nur entstehen, wenn die den jeweils einzelnen Rechtssatz übergreifenden, durch die Redaktion geschaffenen Bezüge nicht erkannt werden. *Es geht der Sammlung nicht um summarische Vollständigkeit der möglichen, einer Regelung bedürfenden Konfliktfälle, sondern um die rechtliche Relation von Fällen verwandter Tatbestandsmerkmale.* Eine sich auf den je einzelnen Rechtssatz beschränkende Interpretation greift also zu kurz. Der einzelne Rechtssatz ist als Teil des Ganzen der Sammlung in Relation zu seinem Kontext zu interpretieren.

Im folgenden ist nach weiteren Gesichtspunkten einer Systematik der Rechtssätze zum Eherecht zu fragen. R.Yaron[2] hat die wichtige Beobachtung gemacht, daß in der Ehegesetzgebung des Kodex Ešnunna die Apodosen Aspekte, die in der Rechtsfallbeschreibung der Protasen aufgeführt werden, übergehen. Während R.Yaron darin ein Zeichen mangelnder Systematik und der rechtshistorischen Altertümlichkeit des Kodex Ešnunna im Vergleich zum Kodex Hammurapi, dem mittelassyrischen Kodex sowie hethitischen und altisraelitischen Rechtsüberlieferungen sehen

---

[1]) So R.Yaron, Laws (*1969*), 55: "Even where a particular topic is considered in some detail, in a number of sections, attention is often devoted only to isolated, marginal questions. No attempt is made to provide comprehensive solutions for all problems which might easily be envisaged as arising in a particular context".

[2]) S. a.a.O., 56.

will[1], ist diese Eigentümlichkeit eher auf ihre rechtssystematische Funktion hin zu befragen.

CE § 27 grenzt den Fall, daß ein Mann ohne Zustimmung der Eltern ein unverlobtes Mädchen heiratet, von dem Fall ab, daß er ein verlobtes Mädchen raubt, für das der Brautpreis bereits bezahlt wurde (CE § 26). Wird CH § 130 zum Vergleich herangezogen, so ist auffällig, daß in CE § 26 im Gegensatz zu CH § 130 Rechtsfolgen für die Frau nicht erwähnt werden:

CH § 130 (Rs V 54-67)
šumma awīlum aššat awīlim ša zikaram lā īdu = ma
ina bīt abi = ša wašbat ukabbil = ši = ma ina sūni = ša
ittatil = ma iṣṣabtū = šu awīlum šū iddâk sinništum
šī utaššar

"Wenn ein *awīlum* die Ehefrau eines *awīlum*, die keinen Mann kennt und im Hause ihres Vaters wohnt, knebelt und in ihrem Schoß liegt und man ihn dabei ergreift, wird dieser *awīlum* getötet; die Frau bleibt unbehelligt".

Im Gegensatz zum Rechtssatz CE § 26, der die Rechtsfolge des Ehebruches für den Mann regelt, behandeln die als Fall und Gegenfall

---

[1]) CE § 26 im Vergleich zu CH § 130; mass.K § 12; heth.K § 197; Dtn 22, 23-27 und CE §§ 27; 28 im Vergleich zu CH § 129; mass.K §§ 13; 15; heth.K § 198; Lev 20, 10; Dtn 22, 22. B.S.Jackson (Drafting [*Mélanges à la mémoire de M.-H. Prévost*], 50) hat diese Art des Vergleichs unter methodischem Gesichtspunkt zurückgewiesen: "Yaron may well turn out to be correct in all these substantive judgements; hitherto, however, no objective criterion has been offered for their demonstration". Ähnlich S.E.Loewenstamm, Review (*AOAT* 204), 386.

zusammengestellten Rechtssätze CE § 27; 28 auch Rechtsfolgebestimmungen für die Frau. Das über CE § 27 hinausschießende Strukturelement H *īḫus=si aššat ūm ina sūn awīlim iṣṣabbatu* in der Apodosis und die Rechtsfolgebestimmungen der Todessanktion für die Frau *imât ul iballut* übergreifen CE § 27; 28 und haben eine Entsprechung in der Todessanktion für den Mann *dīn napištim=ma imât* in CE § 26. Läßt der Rechtssatz CE § 26 die Rechtsfolge für die Frau offen, so der Rechtssatz CE § 28 die für den Ehebrecher.

CH § 129 bestimmt, daß ein *in flagranti delicto* gefaßtes Paar getötet wird und läßt nur für den Fall, daß der Ehemann seine Ehefrau begnadigt, auch die Begnadigung des Mannes durch den König zu:

CH § 129 (Rs V 42-53)
šumma aššat awīlim itti zikarim šanîm ina itūlim
ittaṣbat ikassû=šunūti ana mê inaddû=šunūti
šumma bēl aššatim aššas=su uballaṭ u šarrum
waras=su uballaṭ

"Wenn die Ehefrau eines *awīlum* mit einem anderen Mann beim Liegen gefaßt wird, soll man sie binden und ins Wasser werfen. Wenn der Ehemann der Frau seine Ehefrau am Leben lassen will, soll auch der König seinen Untertan am Leben lassen".

Knüpft die Rechtsfolgebestimmung der Todessanktion für die Frau in CE § 28 eine Verbindung mit der entsprechenden Rechtsfolgebestimmung in CE § 26, so klärt sich der Sachverhalt: Im Falle des Ehebruchs eines Mannes mit einer verheirateten Frau ist die Frau zu töten. Mit dem Mann ist gemäß CE § 26, der entsprechenden Bestimmung für den ehebrechenden Mann, zu verfahren. Auch er verfällt der Todessanktion. Die Zusammenstellung von CE §§ 27; 28 mit CE § 26 erübrigt es, in CE § 28 erneut die Rechtsfolge für den Mann zu nennen. Entsprechendes gilt für die in CE § 26 im Gegensatz zu CH § 130 nicht aufgenommene Rechtsfolgebestimmung für die Frau. CE § 26 ist von CE § 28 darin abgegrenzt, daß in CE § 26 die Frau gegen ihren Willen und ohne Zustimmung ihrer Eltern geraubt wurde (*mašā'um*), während CE § 28 ihre Zustimmung voraussetzt (*ūm ina sūn awīlim iṣṣabbatu*). Bestimmt CE § 28[1] als Rechtsfolge des Ehebruches der Frau im Falle ihres Einverständnisses die Todessanktion, CE § 26 im Falle des Raubes aber die Todessanktion für den Mann, so ist damit gesetzt, daß die Frau wie in CH § 130 in diesem Fall nicht bestraft wird[2].

Von CE § 26; 28 sind auch Rückschlüsse auf die Rechtsfolge des in CE § 27 geregelten Falles zu ziehen. Ist CE § 27 mit CE § 28 als Gegenfall zusammengebunden, so resultiert daraus, daß der Fall CE § 27 kein Fall der Todessanktion für die Frau ist. Entsprechendes folgt für den Mann aus der Abgrenzung von CE § 27 von CE § 26.

Es wird erkennbar, daß die Ehegesetzgebung des Kodex Ešnunna keineswegs unsystematisch strukturiert ist. Vielmehr wird eine den einzelnen Rechtssatz übergreifende Systematik erkennbar, die gerade die Interpretation der Rechtssätze bezogen auf ihren jeweiligen Kontext fordert. Die Redaktion der Rechtssätze grenzt analoge Fälle, die in den Rechtsfolgen

---

1) B.L.Eichler (Structure [*AOS* 67], 73) hat darauf aufmerksam gemacht, daß durch die Apodosis von CE § 28 auch die Definition einer legalen Ehefrau bekräftigt wird.

2) Zu einem möglichen Rezeptionszusammenhang zwischen dem Eherecht des Kodex Ešnunna und dem des Kodex Hammurapi s. V.Korošec, Droits antérieurs (*RIDA* 3/8), 15ff.

nicht analog entschieden werden sollen, voneinander ab. Über die Abgrenzung hinaus werden die Rechtssätze durch rechtssatzübergreifende Bezüge, die durch die Inkohärenz von Protasis und Apodosis hergestellt werden, aufeinander bezogen. *Die rechtssatzübergreifende Systematik in der Sammlung wird also nicht durch ein vom Einzelfall abstrahiertes, allgemeines Rechtsprinzip gebildet, sondern durch ein redaktionell intendiertes Geflecht gegenseitiger Auslegung der Rechtssätze.*

Wenn auch die Systematik dieser Rechtssätze zum Eherecht nicht die der Konkretion abstrakter Prinzipien ist, so haben diese Rechtssätze dennoch eine ihnen gemeinsame Mitte. CE §§ 17; 18; 25; 26 sind durch das ihnen gemeinsame Strukturelement A (*mār awīlim ana bīt emim terḫatam lībil=ma/ šumma awīlum ana bīt emim issi=ma/ šumma awīlum ana mārat awīlim terḫatam ūbil=ma*) zusammengehalten. Es geht in dieser Rechtssammlung um die Regelung von Konfliktfällen, die die Bezahlung der *terḫatum* und damit die rechtliche Bindung der (inchoativ) verheirateten Frau an ihren (zukünftigen) Mann zur Voraussetzung haben. Die Rechtssätze CE §§ 27; 28 grenzen davon Fälle der ohne Bezahlung des Brautpreises vollzogenen gültigen und ungültigen Ehe ab. Darin ist es begründet, daß der in altorientalischen und altisraelitischen Rechtsquellen belegte Fall der Verführung eines unverheirateten Mädchens (s. YOS 1,28 § 7[1]; mass.K §§ 55; 56[2]; Ex 22,15f.[3]; Dtn 22,28f.[4]) im Rahmen der

---

1) Text: A.T.Clay, YOS 1, 1915, Nr.28; Übers. zuletzt W.H.Ph.Römer, Bemerkungen (*ZAW* 95), 326f. (Lit.); s. dazu auch R.Westbrook, Marriage Law (*Ph. D. Diss. Yale 1982*), Bd.2, 69. Eine redaktionsgeschichtliche Analyse der sumerischen Überlieferung YOS 1, 28 ist in Vorbereitung.

2) S. dazu C.Locher, Ehre (*OBO* 70), 110-116.128-155 (Lit.).

3) S. dazu Verf., Rechtstexte (*ZEE* 26), 279-305 (Lit.).

4) S. dazu A.Tosato, Matrimonio (*AnBib* 100), 135-137 (Lit.).

Ehegesetzgebung des Kodex Ešnunna keine Funktion hat[1] und also nicht aufgenommen wurde.

2.3. Die Zinsbestimmungen in CE §§ 18(a)-21

Text

CE § 18(a): A ii 6-7; B i 19-20

1 šiqlum šadištum u 6 uṭṭēti ṣibtam uṣṣab

1 kurrum 1 pan 4 sāt še'am ṣibtam uṣṣab

CE § 19: A ii 8-9; B i 21-22

awīlum ša ana meḫri=šu inaddinu

ina maškānim ušaddan

CE § 20: A ii 10-13

šumma awīlum [...]

iddin=ma še'am ana kaspim <ītepu[š]>

ina ebūri še'am u ṣibas=su 1 kurrum 1 pan 4 sāt ileqqe

CE § 21: A ii 13-15

šumma awīlum kaspam ana pāni=šu

iddin kaspam u ṣibas=su 1 šiqlum šadištam u [6 uṭṭēti] ileqqe

---

[1]) J.J.Finkelstein (Sex Offenses [*JAOS* 86], 366ff.) hat die rechtlich kategoriale Differenz zwischen den Fällen sexueller Vergehen mit einer verlobten oder verheirateten Frau und einem ungebundenen Mädchen sowie innerhalb dieser Kategorien die Differenzierung zwischen den Fällen mit Zustimmung der Frau und der Gewalt gegen die Frau deutlich gemacht.

Übersetzung

CE § 18(a)

Einem Schekel fügt er 1/6 und 6 Gran (als) Zins hinzu. Einem Kor fügt er einen Scheffel und 4 Sea Gerste als Zins hinzu.

CE § 19

Ein *awīlum*, der (zur Rückgabe)[A] etwas leiht, läßt sich auf der Tenne auszahlen.

CE § 20

Wenn ein *awīlum* (Getreide?...)[B] verleiht und Getreide in Geld verwandelt[C], soll er zur Erntezeit die Gerste und den Zins, pro Kor einen Scheffel und 4 Sea, nehmen.

CE § 21

Wenn ein *awīlum* (zuvor)[C] Geld gibt, soll er das Geld und seinen Zins, pro Schekel 1/6 und 6 Gran, nehmen.

A) *ša ana meḫri=šu inaddinu* ist in Relation zu *ana pāni=šu iddin* zu interpretieren. Damit sind Deutungen ausgeschlossen, die *meḫri=šu* auf den gesellschaftlichen Status des Schuldners als dem Verleiher gleichgestellt beziehen; gegen W.v.Soden, Neubearbeitungen (*OLZ* 53), 520; ders., *AHw* 641a; F.R.Kraus, Edikt (*SDIO* 5), 48; ders., Verfügungen (*SDIO* 11), 196f.; R.Borger, *TUAT* I/1, 35.

A.Goetze (Laws [*AASOR* 31], 66f.) und R.Yaron (Laws [*1969*], 155) deuten *ana meḫri=šu* auf den Rückzahlungsbetrag im Gegensatz zum Auszahlungsbetrag, E.Szlechter (Lois [*1954*], 79; ders., Lois [*RIDA* 3/25], 173) auf das Äquivalent von Auszahlungs- und zinsfreiem Rückzahlungsbetrag.

Unter der Voraussetzung, daß *ina maškānim* (vgl. E.Petschow, Systematik [*FS M.David*], 137: "Fälligkeit"; R.Yaron, Laws [*1969*], 156 Anm.49: "a transferred interpretation, in terms of time, seems preferable"), *ina ebūri* und *ana pāni=šu* (vgl. R.Borger, *TUAT* I/1, 35: "zuvor") eine zeitliche Konnotation haben, wird dieses auch für *ana meḫri=šu* gelten. Es dürfte sich um ein kurzfristiges Darlehen im Gegensatz zu einem langfristigen handeln, das zum frühest möglichen Zeitpunkt, d.h. nach der Ernte auf der Tenne (*ina maškānim*), zurückgezahlt wird.

R.Yaron (Laws [*1969*], 163) deutet *ana pāni=šu* auf die Bereitstellung eines vom Schuldner nicht in Anspruch genommenen Darlehens. Diese Interpretation ist damit belastet, daß ein Zusammenhang zwischen *ana meḫri=šu* und *ana pāni=šu* infrage gestellt werden muß, und die vermeintliche Hauptaussage des Rechtssatzes, die Nichtinanspruchnahme des Darlehens, nicht im Text steht.

B) Eine überzeugende Rekonstruktion des Textes *šumma LÚ* ⌈*xxx*⌉ *a* ⌈*šu*⌉ ? [...] will nicht gelingen; s. W.v.Soden, Neubearbeitungen (*OLZ* 53), 519: "Lesung ganz unsicher, so daß man auf eine Erklärung besser verzichtet". So auch R.Yaron, Laws (*1969*), 30 gegen B.Landsberger (Jungfräulichkeit [*FS M.David*], 74), der *ana* GIŠ.APIN *ū* GIŠ.TÙN (*ana epinnim ū eḫzim*) "zum (Anbau mit) Pflug oder Hacke" liest.

Zur Lesung *še'am* s. E.Szlechter, Lois (*1954*), 76; ders., Lois (*RIDA* 3/25), 123 mit Anm.36; R.Yaron, Laws (*1969*), 162.

C) So mit R.Yaron, Laws (*1969*), 161f.; s. dort auch zu der von W.v.Soden (Neubearbeitungen [*OLZ* 53], 520; ders., *AHw* 267a) vorgeschlagenen Lesung *ana kaspim ītewi=šu*[*m*].

Zinsbestimmungen (*CE §§ 18* [*a*]-*21*)

In CE §§ 18(a).19-21 werden die Zinsregeln für Darlehen in Form von Silber (A) und Getreide (B) entfaltet. Die Zinssätze sind in CE § 18(a) voneinander abgegrenzt:

A: 1 *šiqlum šadištum u 6 uṭṭēti ṣibtam uṣṣab*

B: 1 *kurrum 1 pan 4 sāt še'am ṣibtam uṣṣab*

Der Zinssatz B wird in CE § 20 zugrundegelegt:

še'am u ṣibas=su 1 kurrum 1 pan 4 sāt ileqqe

Der Zinssatz A wird in CE § 21 zugrundegelegt:

kaspam u ṣibas=su 1 šiqlum šadištam u 6 uṭṭēṭi ileqqe

CE §§ 20; 21 entfalten die Zinsfußbestimmungen für Darlehen in Geld und Naturalien in CE § 18(a). Als differenzierende Elemente werden in CE §§ 19; 20 der Modus der Rückzahlung (*"auf der Tenne" ina maškānim* [C] / *ina ebūri* [C]), in CE §§ 19; 21 die Art des Darlehens (*ana meḫri=šu* [D] / *ana pāni=šu* [E]) und in CE § 20 eine Regelung zur Konvertibilität von Natural- und Gelddarlehen (*še'am ana kaspim* <*itepu*[*š*]> [F]) eingebracht.

CE § 18(a) hat die Funktion einer Grundsatzregelung des Zinses für Geld und Naturalabgaben. CE § 19, der keine Zinsregelung nennt, setzt davon eine zinsfreie Darlehensart[1] ab. Durch die Formulierung im Relativsatz

---

[1]) So mit E.Szlechter, Lois (*1954*), 79; ders., Lois (*RIDA* 3/25), 173.

(*awīlum ša...*) werden CE §§ 18(a); 19 zu einer Einheit zusammengebunden[1]. So ergibt sich folgender Aufbau von CE §§ 18(a); 19-21:

CE § 18a/19	A	B	C	D	-
CE § 20	-	B	C	-	F
CE § 21	A	-	-	E	-

CE § 20 will den durch die Konvertibilität der in CE § 18(a) angeführten Darlehensarten in Geld (A) und Naturalien (B) möglichen "Fruchtwucher" unterbinden[2]. Die Rechte des Schuldners werden durch die Aufnahme der Elemente B und C in CE §§ 18(a); 19 gewahrt: Das Darlehen ist mit der Ernte zurückzuzahlen. Ein solches hochverzinstes Darlehen ist also zeitlich begrenzt und nur bis zur nächsten Ernte zu vergeben. Als zeitlich unbegrenztes Darlehen kommt nur das niedriger verzinste Gelddarlehen (CE § 21) in Frage. Durch die Bindung der Rückzahlung an die ursprünglich geliehene Getreidemenge wird ein Spekulationsgewinn des Darlehen-

[1]) So mit W.v.Soden, Neubearbeitungen (*OLZ* 53), 520. Wenn R.Yaron (Laws [*1969*], 65.155f.) aus der Relativsatzformulierung auf eine eigenständige Quelle schließt, aus der CE § 19 stammen und sekundär in den Kontext der Zinsgesetze eingearbeitet sein soll, so geht er von der in der alttestamentlichen Wissenschaft als überholt geltenden These aus, daß formgeschichtlich gleichgestaltete Rechtssätze auch literarisch eine Einheit bilden.

[2]) S. R.Yaron, (Laws [*1969*], 160ff.) gegen die von A.Goetze (Laws [*AASOR* 31], 69f.) vertretene Deutung aus der Differenz der Zinssätze von 20% (A) und 33 $^1/_3$% (B).

gebers durch Schwankungen des Getreidepreises zu Lasten des Darlehennehmers verhindert. CE § 20 hat also in der Betonung der Rechte des Darlehennehmers sozialreformerischen Charakter. Dies gilt auch für CE § 19. Die Regelung des unbefristeten zinslosen Darlehens als Notdarlehen (*ana usātim*)[1] schließt sich an die Regelung des Naturaldarlehens in CE § 18(a) an und gilt, wie die Bestimmung *ina maškānim ušaddan* zeigt, für diese Darlehensart. Das langfristige, nicht an einen Rückzahlungstermin aus dem Ernterhythmus gebundene Darlehen ist dagegen das niedriger verzinste Gelddarlehen (CE § 21). Wo Natural- und Gelddarlehen miteinander korreliert werden, gelten die Zinsbestimmungen von CE § 18(a) und die Bindung der Rückzahlung an den Erntetermin und also die eingeschränkte Laufzeit des Darlehens. Es zeigt sich also in der redaktionellen Zusammenordnung von CE §§ 18(a); 19-21 eine den einzelnen Rechtssatz übergreifende Systematik. An die Zinstarife in CE § 18(a) werden die Reformbestimmungen CE §§ 19; 20; 21 angefügt, die die Möglichkeit des kurzfristigen, zinslosen Notdarlehens eröffnen (CE § 19) und davon abgegrenzt (D/E) das unbefristete, vom Erntezyklus gelöste Darlehen auf das niedriger verzinste Gelddarlehen einschränken (CE § 21), und von CE §§ 19; 21 abgegrenzt bei konvertiblen Darlehen die Rechte des Darlehennehmers stärken (CE § 20)[2].

---

1) Vgl. zum zinslosen Darlehen B.Kienast, Urkunden (*Freib. Altorient. Stud.* 2), 62f. Diese Darlehensart könnte sich aus der gegenseitigen Hilfe unter Nachbarn entwickelt haben; vgl. dazu R.Haase, Rechtsquellen (*1965*), 86 Anm.428 mit Verweis auf P.Jörs/W.Kunkel/L.Wenger, Privatrecht (*1949*), 220 Anm.7; s. auch E.Neufeld, Interest (*HUCA* 26), 355-412; E.Klingenberg, Zinsverbot (*AAWLM.G* 1977); Verf., Ethos (*ZAW* 98), 168ff.; ders., Recht (*Osnabrücker Hochschulschr. Schriftenr. des FB 3*, Bd.9), 145ff.

2) Damit rückt CE §§ 19-21 in die Nähe der Reformtendenzen königlicher Verfügungen der altbabylonischen Zeit; vgl. F.R.Kraus, Verfügungen (*SDIO* 11), 114ff.; zum sozialhistorischen Hintergrund s. auch J.Klíma,

2.4. Die Wiederverheiratungsbestimmungen und Sklavenrecht in CE §§ 29-31

Text

CE § 29: A ii 38-45; B ii 3-7

šumma awīlum ina ḫarrān šeḫṭim ū sakpim [ittašlal]
ūlū naḫbutum ittaḫbat
ūmī arkūtim ina mātim šanītim=ma itta[šab]
aššas=su šanûm=ma ītaḫaz u māram it[talad]
inūma ittūram aššas=su ita[bbal]

CE § 30: A ii 45-iii 2; B ii 8-10

šumma awīlum āl=šu u bēl=šu izēr=ma ittaḫbit
aššas=su šanûm=ma ītaḫaz inūma ittūram
ana aššati=šu ul iraggam

CE § 31: B ii 11-12

šumma awīlum amat awīlim ittaqab
1/3 manâ kaspam išaqqal u amtum ša bēli=ša=ma

Übersetzung

CE § 29

Wenn ein *awīlum* auf einem Angriffsfeldzug oder einem Gegenstoß[A] gefangen genommen[B] oder fortgeführt wird, sich lange Zeit in einem anderen Land aufhält, und ein anderer seine Frau heiratet, und sie einen Sohn gebiert, wenn er zurückkehrt, wird er seine Ehefrau fortnehmen.

Regelungen (*ArOr* 47), 21ff.; (*ZDMG S.* 4), 87.

CE § 30

Wenn ein *awīlum* seine Stadt und seinen Herrn haßt und flieht, und ein anderer seine Frau heiratet, wenn er zurückkehrt, wird er gegen seine Frau keinen Anspruch haben.

CE § 31

Wenn ein *awīlum* die Sklavin eines Mannes defloriert, soll er 1/3[C] Mine Silber zahlen, und die Sklavin gehört ihrem Eigentümer.

A) *sakpu* als Verbaladjektiv von *sakāpu(m)* I "wegstoßen" (*AHw* 1011a) ist auf einen Gegenstoß gegen einen feindlichen Angriff zu deuten; vgl. auch A.Goetze, Laws (*AASOR* 31), 85f.: "*ḫarrān sakpim* as an allusion to defense against aggression".

B) Die Lesung *it - t*[*a-aš-la-al*] ist aufgrund von CH §§ 134; 135 der von E.Szlechter (Lois [*1954*], 23; anders ders., Effets [*RA* 57], 182 Anm.4; ders., Lois [*RIDA* 3/25], 129 Anm.52) vertretenen Lesung *it - t[a-aṣ-ba-at*] vorzuziehen; s. auch A.Goetze, Laws (*AASOR* 31), 83f.; R.Yaron, Laws (*1969*), 34f.

C) So mit W.v.Soden, Beiträge (*ArOr* 17/2), 370; J.Klíma, Sklavenrecht (*ArOr* 21), 147 Anm.30; E.Szlechter, Lois (*1954*), 24; ders., Lois (*RIDA* 3/25), 131; A.Goetze, Laws (*AASOR* 31), 88f.; J.J.Finkelstein, Sex Offenses (*JAOS* 86), 356; R.Yaron, Laws (*1969*), 187f.; I.Cardellini, "Sklaven"-Gesetze (*BBB* 55), 51 gegen J.Miles/O.R.Gurney, Laws (*ArOr* 17/2), 184; B.Landsberger, Jungfräulichkeit (*FS M.David*), 50 (*2/3 manâ kaspam*).

Die Rechtssätze CE §§ 29; 30 zeigen folgende Struktur:

CE § 29
A: *šumma awīlum ina ḫarrān šeḫṭim ū sakpim [ittašlal]*
B: *ūlū naḫbutum ittaḫbat*
C: *ūmī arkūtim ina mātim šanītim=ma itta[šab]*
D: *aššas=su šanûm=ma ītaḫaz*
E: *u māram it[talad]*
F: *inūma ittūram*
G: *aššas=su ita[bbal]*

CE § 30
H: *šumma awīlum āl=šu u bēl=šu izēr=ma ittaḫbit*
D: *aššas=su šanûm=ma ītaḫaz*
F: *inūma ittūram*
I: *ana aššati=šu ul iraggam*

In der tabellarischen Übersicht ergibt sich folgendes Bild:

	A	B	C	D	E	F	G	H	I
CE § 29	X	X	X	X	X	X	X		
CE § 30				X		X		X	X

Zusammengebunden werden diese im Schema von Fall und Gegenfall konzipierten Rechtssätze durch die Strukturelemente D und F. In beiden Rechtssätzen geht es um den Fall, daß aufgrund der Abwesenheit eines

Ehemannes ein anderer Mann die Ehefrau geheiratet hat, und der erste Ehemann zurückkehrt. Die Strukturelemente D und F setzen jeweils die Abwesenheit des Ehemannes und also das Strukturelement A bzw. H voraus, die antithetisch aufeinander bezogen sind: Der Gefangennahme des Ehemannes im Krieg wird die freiwillige Flucht aus Opposition gegen die staatliche Obrigkeit gegenübergestellt. Dementsprechend antithetisch sind auch die Rechtsfolgen in den Strukturelementen G und I. Der Aufbau ist also jeweils dreistufig:

CE § 29		CE § 30
A - C	antithetisch	H
D F	parallel	D F
G	antithetisch	I

Die in CE § 29 über CE § 30 hinausgehenden Strukturelemente B, C und E geben einen besonders deutlichen Einblick in die Rechtsintentionen dieser beiden Rechtssätze. CE § 29 will mögliche Gegengründe gegen die Rechtsfolge *aššas=su itabbal* "seine Ehefrau wird er wegnehmen" durch die Gesetzesformulierung von vornherein ausschließen. Die Art und Weise der möglichen Gefangennahme im Krieg wird differenziert angefügt (*ina ḫarrān šeḫṭim ittašlal/ ina ḫarrān sakpim ittašlal/ ūlū naḫbutum ittaḫbat*), um nicht durch Nichtaufführen einer Art der Gefangennahme einen Grund zur Nichtanwendung des Rechtssatzes zu liefern[1].

Eine lange Abwesenheit des Ehemannes und die Geburt eines männlichen Nachkommen aus dieser Verbindung sind kein Grund, um den Anspruch des ersten Ehemannes außer Kraft zu setzen. Anders ist es im Falle von

[1]) E.Szlechter (Effets [*RA* 57], 186) sieht in dieser Aufzählung "les cas les plus fréquents où un citoyen a pu être pris en captivité".

CE § 30: Hier bedarf es nicht dieser Argumente. Selbst wenn der geflohene Ehemann sehr bald zurückkehrt und aus der neuen Verbindung keine Kinder hervorgegangen sind, hat er dennoch keinen Anspruch auf seine Ehefrau.

Diese beiden Rechtssätze haben keinen Anteil an der Struktur der Ehegesetze CE §§ 17; 18; 25-28 und sind also entweder Anhang der ursprünglichen selbständigen Sammlung des Eherechts und als solche in den Kodex Ešnunna gelangt oder vom Redaktor des Kodex an diese Stelle gesetzt worden. Diese Alternative läßt sich nicht mehr eindeutig entscheiden und ist für die rechtshistorische Interpretation des Zusammenhanges zwischen CE §§ 17; 18; 25-28 und CE § 29; 30 von geringerer Bedeutung.

Durch CE §§ 29; 30 wird die Verbindung einer Ehefrau mit einem anderen Mann bei Abwesenheit des Ehemannes durch Gefangennahme oder Flucht vom Ehebruch (CE § 28) abgegrenzt[1] und zieht nicht die Todessanktion nach sich. Durch die redaktionelle Verbindung von CE §§ 29; 30 mit CE § 28 wird also gesichert, daß in den Fällen von CE §§ 29; 30 nicht in Analogie zu CE § 28 geurteilt wird. Darüber hinaus wird einer Entscheidung der Frage, ob das längere Zusammenleben eines Mannes mit einer Frau bei Abwesenheit des ersten Ehemannes einen Rechtsanspruch auf die Frau begründet, in Analogie zu CE § 27 gewehrt. Der Entscheid dieses Falles ist nicht von Fristen abhängig, sondern von den Umständen die zur Abwesenheit des Mannes geführt haben. Der Stichwortzusammenhang des Verbs *aḫāzum* zwischen CE §§ 27; 28; 29; 30 unterstreicht auf der Sprachebene den in der rechtshistorischen Interpretation deutlich gewordenen Bezug.

---

[1]) Ähnlich B.L.Eichler, Structure (*AOS* 67), 75.

Mit CE § 31 ist ein weiterer Rechtssatz angefügt, der mit *naqābum* einen Begriff aus CE § 26 aufnimmt und an diesen Rechtssatz anknüpft. Der Fall des Umganges mit einer Sklavin wird abgegrenzt von dem Umgang mit einem verlobten Mädchen. Im Gegensatz zu CE § 26 ist dies im Sklavenrecht kein Fall der Todessanktion, sondern des Schadensersatzes[1]. Mögliche besitzrechtliche Ansprüche des Täters auf die Sklavin, die sich auf den Umgang oder die hohe Ersatzleistungssumme[2] stützen, werden ausdrücklich abgewiesen.

Die in CE §§ 26; 31 durch die redaktionelle Zusammenarbeit implizite Abgrenzung des Sklavenrechts von dem todesrechtlichen Ehebruchsgesetz wird im altisraelitischen Recht in Lev 19, 20 explizit:

"Wenn ein Mann mit einer Frau verkehrt und diese eine Sklavin ist, die einem Manne verlobt ist, die weder freigekauft noch freigelassen worden ist, so soll Schadenersatz[A] geleistet werden. Aber sie soll nicht sterben, da sie nicht freigelassen ist".

A) Gegen die Übersetzung von *bqrt* mit "Untersuchung", abgeleitet von *bqr* I Pi durch J.Milgrom (Slave - Girl [*ZAW* 89], 43 Anm.2) und S.E.Loewenstamm (*bqrt thjh* [*Shnaton* 3], 94-97) ist mit *HAL* 145b an dem Zusammenhang mit *b/paqāru(m)* (vgl. *AHw* 104b; 105a) festzuhalten.

---

[1]) S. dazu I.Cardellini, "Sklaven"-Gesetze (*BBB* 55), 51.

[2]) S. dazu J.J.Finkelstein, Sex Offenses (*JAOS* 90), 356.

Dieser mit der Anfügung von Lev 19,21f.[1] und der damit verbundenen Einholung in kultischen Kontext überarbeitete Rechtssatz[2] grenzt Ersatzleistung und Todessanktion voneinander ab: Der Fall des Umganges mit einer verlobten Sklavin ist kein Fall der Todessanktion, sondern der Schadensersatzleistung. Um die mögliche Analogie, die im Schluß auf die Rechtsfolge gerade ausgeschlossen werden soll, besonders augenfällig zu machen, wird über CE § 31 hinaus Lev 19,20 als Fall einer verlobten Sklavin[3] formuliert[4].

2.5. Die Bestimmungen zur Kinderpflegschaft in CE §§ 32-35

Mit CE §§ 32-35 ist eine thematisch geschlossene Reihe von Rechtssätzen der Eherechtssammlung in CE §§ 17; 18; 25-28 und den Wiederverheiratungsbestimmungen in CE §§ 29-31 angefügt worden.

---

[1]) S. dazu R.Kilian, Untersuchung (*BBB* 19), 47ff.; H.Schulz, Todesrecht (*BZAW* 114), 152 Anm.79; I.Cardellini, "Sklaven"-Gesetze (*BBB* 55), 310f. gegen J.Milgrom, Slave-Girl (*ZAW* 89), 44ff.; vgl. auch den Überblick über die Diskussion bei A.Cholewiński, Heiligkeitsgesetz (*AnBib* 66), 53 Anm.46 (Lit.).

[2]) S. dazu I.Cardellini, a.a.O. (*BBB* 55), 310f.

[3]) Alttestamentliche Belege dieses Falles neben Lev 19,20 fehlen; zu altbabylonischen Belegen s. M.Schorr, Urkunden (*1913*), Nr. 33.77.214; als mittelassyrischen Beleg s. KAJ 7, 167; zu Zeugnissen des *matrimonium servile* in Nuzi s. I.Cardellini, "Sklaven"-Gesetze (*BBB* 55), 175ff.

[4]) Lev 19,20. (21f.) steht literarisch sekundär im Kontext (s. K.Elliger, Leviticus [*HAT* I. 4], 249; A.Cholewiński, Heiligkeitsgesetz [*AnBib* 66], 53) und hat seinen ursprünglichen Kontext im altisraelitischen Eherecht gehabt. V.20 wurde in diesen Kontext eingefügt, um die Überführung von "privatrechtlichem" Schadensersatzrecht in das Kultrecht (s. K.Elliger, Leviticus [*HAT* I.4], 78; D.Kellermann, Art. *'ašam* [*ThWAT* I] 468) zu verdeutlichen; dieser Vorgang ist u.a. auch im Depositenrecht in Lev 5,20-26 nachvollziehbar; vgl. Verf., Depositenrecht (*ZSS* 105), (im Druck).

Text

CE § 32: A iii 3-5; B ii 13-15

šumma awīlum mār=šu ana šūnuqim ana tarbītim
iddin=ma epram piššatam lubuštam šalaš šanātim lā
iddin 10 [xxx]
tarbīt māri=šu išaqqal=ma mār=šu itarru

CE § 33: A iii 6-9; B ii 16-18

šumma amtum usarrir=ma mār=ša ana mārat awīlim
ittadin inūma irtabû bēl=šu immar=šu
iṣabbas=su=ma itarru=šu

CE § 34: A iii 9-12; B ii 19-21

šumma amat ekallim mār=ša lū māras=sa ana
muškēnim ana tarbītim ittadin māram lū
mārtum ša iddinu ekallum itabbal

CE § 35: A iii 12-13; B ii 22-25

ū lēqû ša mār amat ekallim ilqû
meḫer=šu ana ekallim irīab

Übersetzung

CE § 32

Wenn ein *awīlum* seinen Sohn zum Stillen und Aufziehen[A] fortgibt und Verpflegung, Öl und Kleidung drei Jahre lang nicht gibt, so soll er 10 [...][B] für das Aufziehen seines Sohnes darwägen und seinen Sohn ins Haus holen.

CE § 33

Wenn eine Sklavin betrügt und ihren Sohn der Tochter eines *awīlum* gibt[C] - wenn er groß ist und sein Herr ihn erkennt, soll er ihn ergreifen und zurückholen.

CE § 34

Wenn eine Sklavin des Palastes ihren Sohn oder ihre Tochter einem *muškēnum* zum Aufziehen gibt, wird der Palast den Sohn oder die Tochter, die sie weggegeben hat, wegnehmen.

CE § 35

Oder[D] der Adoptivvater, der den Sohn einer Sklavin des Palastes adoptiert hat, soll dem Palast einen gleichwertigen ersetzen.

A) Zur Vielschichtigkeit der semantischen Konnotationen von *tarbītum* s. A.Goetze, Laws (*AASOR* 31), 91f.; *AHw* 1328b; vgl. auch M.David, Adoption (*LR WS* 23), 34 ("Pflegschaftsverhältnis"); M.San Nicolò, Bilalama (*Or* [N.S.] 18), 260f.; R.Yaron, Laws (*1969*), 106-8.

B) Die Lesung *mâna* ist zweifelhaft; s. M.San Nicolò, Bilalama, (*Or* [N.S.] 18), 260; F.R.Kraus, mdl. Mitteilung in: R.Yaron, Laws (*1969*), 170 Anm.106; M.T.Roth (Scholastic Tradition [*Ph. D. Diss. Univers. of Pennsylvania 1979*], 211f. Anm.54) liest in A iii 4 *10 gín kù-babbar*/ B ii 14 *10 gín <kù -> babbar*. Eine Forderung von 10 Schekel Silber paßt zu der in UET 5,93 (3$^{1/2}$ $^{[1/3]}$ Schekel Silber).

C) B ii 16 *ittadi* (=3. m./ f. sg. prt N *nadûm*) ist Schreibfehler von *ittadin* (=3. m./ f. sg. pf. G *nadānum*); anders R.Yaron (Laws [*1969*], 104f.), der *ittadi* als *lectio difficilior* für ursprünglich hält; s. dagegen mit gewichtigen Gründen I.Cardellini; "Sklaven"-Gesetze (*BBB* 55), 45 Anm.27.

D) Zur Übersetzung von *ū* in B ii 12 s. R.Yaron, Laws (*1969*), 15f.106 Anm. 110; I.Cardellini, "Sklaven"-Gesetze (*BBB* 55), 44 Anm. 24 (Lit.).

Die Struktur dieser Rechtssätze wird durch zwei variierende Strukturelemente bestimmt, die in Protasen und Apodosen der Rechtssätze vorkommen. In den Protasen ist jeweils die Angabe enthalten, daß ein Kind zur Pflege fortgegeben wurde (A). Dabei wird der Fall, daß ein *awīlum* ein Kind in Pflege gibt, abgegrenzt von dem Fall, daß eine Sklavin in betrügerischer Absicht ein Kind in Pflegschaft gibt, um es vor dem Los der Sklaverei zu bewahren. Daraus resultiert das zweite konstitutive Strukturelement (D), das die Apodosen von CE §§ 32-25 bestimmt. In allen Fällen ist die Rücknahme des Kindes (*mār=šu itarru*) Teil der Rechtsfolge, wobei das Sklavenrecht von dem Rechtssatz CE § 32, der den *awīlum* betrifft, abgegrenzt ist. In CE § 32 geht es um die Pflicht des *awīlum*, gegen eine hohe Summe[1] sein Kind, das er in Pflege gegeben hat, zurückzunehmen, wenn er die Pflegschaftskosten nicht bezahlt hat. In CE §§ 33; 34 dagegen geht es um das Recht des Sklavenbesitzers, sein Eigentum zurückzuholen (*iṣabbas=su=ma ittarru=šu/ ekallum itabbal*). CE § 35 sieht darauf bezogen eine Ersatzregelung vor. Folgende Elemente bilden also die Struktur von CE §§ 32-35:

---

[1]) S. dazu R.Yaron, Laws (*1969*), 169f.; zu den Naturalbeträgen s. auch a.i. III iii 47-50; vgl. auch Kodex Lipit-ištar § 27; Hh I 22-25; s. dazu J.J.A.v.Dijk, Gerichtsurkunden (*ZA* 55), 73ff.; YOS 12, 249.

CE § 32

A[1]: *šumma awīlum mār=šu ana šūnuqim ana tarbītim iddin=ma*

B: *epram piššatam lubuštam šalaš šanātim lā iddin*

C: *10 [ ] tarbīt māri=šu išaqqal=ma*

D[1]: *mar=šu itarru*

CE § 33

A[2]: *šumma amtum usarrir=ma mār=ša ana mārat awīlim ittadin*

E: *inūma irtabû bēl=šu immar=šu*

D[2]: *iṣabbas=su=ma itarru=šu*

CE § 34

A[3]: *šumma amat ekallim mār=ša lū māras=sa ana muškēnim ana tarbītim ittadin*

D[3]: *māram lū mārtum ša iddinu ekallum itabbal*

CE § 35

D[4]: *ū lēqû ša mār amat ekallim ilqû meḫer=šu ana ekallim irīab*

Im Überblick ergibt sich also folgendes Strukturbild:

	A^{1-3}	B	C	D^{1-4}	E
§ 32	X	X	X	X	
§ 33	X			X	X
§ 34	X			X	
§ 35				X	

Die geschlossene, nach vorn und hinten abgegrenzte Struktur deutet darauf hin, daß die Rechtssätze CE §§ 32-35 als geschlossene, ursprünglich selbständige Sammlung vom Redaktor des Kodex Ešnunna übernommen wurden. Diese Rechtssammlung besteht aus zwei Teilen, der Regelung der Rechte der Pflegeeltern auf Bezahlung in CE § 32 und den sklavenrechtlichen Bestimmungen in CE § 33-35.

CE § 33 ist dadurch auf CE § 32 bezogen formuliert, daß zum Verständnis der Protasis von CE § 33 (*mār=ša ana mārat awīlim ittadin*) die Protasis von CE § 32 vorausgesetzt ist. Erst durch CE § 32 (*ana šūnuqim ana tarbītim iddin=ma*) ist definiert, daß es in CE § 33 um ein Pflegschaftsverhältnis geht. CE § 34 wiederum setzt CE § 33 mit dem Motiv der betrügerischen Handlung (*usarrir=ma*) voraus, das auch für CE § 34 gilt.

CE § 32 regelt das Recht des Pflegers auf Bezahlung, CE § 33 das Recht des Sklavenbesitzers auf sein Eigentum. Über die thematische Nähe von CE § 32 zu CE § 33 hinaus wird die Zusammenordnung der Rechtssätze durch die Abgrenzung der Rechte des *awīlum*, der ein Sklavenkind aufgenommen hat (vgl. CH § 185)[1] von den Rechten eines *awīlum*, der Besitzer des Sklavenkindes ist, bestimmt. CE § 33 unterstreicht die Uneingeschränktheit des Rechts des Sklavenbesitzers auf sein Eigentum dadurch, daß in die Protasis das Strukturelement E *inūma irtabû bēl=šu immar=šu* ("wenn er groß ist [sc. das Pflegekind] und sein Herr ihn erkennt") aufgenommen wurde. Auch durch die lange Dauer der Pflegschaft verliert der *bēlum* nicht seine Rechte auf das Sklavenkind und entsteht kein Anspruch des *awīlum* auf das Sklavenkind, das er großgezogen hat. Aus CE § 32 ist also nicht im Analogieschluß eine Aufrechnung der Pflegekosten auf den Wert des Sklaven zu begründen. In der Regel wird die Sklavenmutter kaum den üblichen Satz für die Pflege bezahlt, sondern das Kind ohne Bezahlung fortgegeben haben, um ihm das Schicksal der Sklaverei zu ersparen. Wird diese vom Gesetz als betrügerisch bezeichnete Manipulation (*usarrir=ma*)[2] entdeckt, so gehen die Pflege-

---

[1]) S. dazu A.Goetze (Laws [*AASOR* 31], 93): "The legal problems connected with *tarbītum* are dominated by the principle that the child, when grown up, is owned by the person that paid for its 'upbringing'". Die *tarbītu*-Kontrakte BE 6/2,4; PBS 8/2, 107; UET 5,92; YOS 8,152; CT 33,40; UET 5,79 machen deutlich, daß durch Aufziehen, Pflegschaft oder die Bezahlung einer Pflegschaft eines Kindes eine Person Rechte an dem Kind erwerben kann. Die Adoption ist dann nur die offizielle Exekution dieses Rechtes.

[2]) S. dazu W.v.Soden, Beiträge (*ArOr* 17/2), 371; ders., Neubearbeitungen (*OLZ* 53), 521. Ob es sich um Kindesunterschiebung (so W.v.Soden, a.a.O.), Verkauf (so J.C.Miles/O.R.Gurney, Laws [*ArOr* 17/2], 184; E.Szlechter, Lois [*1954*], 39; A.Goetze, Laws [*AASOR* 31], 94), oder Adoption handelt, ist aus dem Tatbestand nicht erkennbar. H.Petschow (Rezension [*ZA* 54], 271) hat aus der unspezifischen Formulierung geschlossen, daß ein breites Spektrum möglicher Fälle erfaßt werden sollte.

eltern[1] leer aus. Erst in der Verbindung mit CE § 32 wird die Intention von CE § 33, die Abgrenzung der Rechte eines *awīlum* als Sklavenbesitzer von dem Recht eines *awīlum* als Pflegevater, erkennbar. CE § 34 trägt durch Parallelisierung mit CE § 33 die Rechte des *ekallum* an einen in Pflegschaft gegebenen Sklaven nach. Der Palast hat dieses Recht auch gegenüber einem *muškēnum*[2]. Über CE § 33 hinausführend werden das Recht des *muškēnum*, das aus der Pflege resultiert, und das Recht des Palastes auf sein Eigentum dadurch miteinander vermittelt, daß der *lēqû ša mār amat ekallim ilqû*, wenn er offiziell das Pflegekind adoptiert hat[3], Ersatz leisten kann. Auch in diesem Falle[4] gilt aber als Grundlage dieser

---

[1]) So H.Petschow, Rezension (*ZA* 54), 271: "Das Kind unterliegt einem zeitlich unbegrenzten ius ductionis und Vindikationsrecht des Herrn der Sklavin ... ohne Verpflichtung zum Ersatz der entstandenen Aufziehungskosten". Auch wenn in CE § 33 das Kind einer *mārat awīlim* übergeben wird, so geht es doch um die Rechte des *awīlum*; s. dazu E.Szlechter, Lois (*RIDA* 3/25), 196.

[2]) Vgl. M.T.Roth, Scholastic Tradition (*Ph. D. Diss. Univers. of Pennsylvania 1979*), 183: "LE § 34 resolves that the claim of the palace takes precedence over that established by *tarbītu*".

[3]) S. dazu M.David, Adoption (*LRWS* 23), 20f.

[4]) Es geht also in CE § 35 kaum um eine Sanktionsbestimmung zusätzlich zu CE § 34; s. zur Diskussion R.Yaron, Laws (*1969*), 106f.; I.Cardellini, "Sklaven"-Gesetze (*BBB* 55), 44 Anm.24.46. Vielmehr wollen die Bestimmungen in CE §§ 33-35 die konkurrierenden Rechte der von der betrügerischen Weggabe eines Kindes betroffenen Freien gegeneinander abgrenzen. Die Sanktionsfrage ist außerhalb des Blickfeldes.
So sollte man auch nicht die Schuldthematik in den Text hineininterpretieren (so R.Yaron, Laws [*1969*], 107: "but in the conditions prevailing in small townships it is rather unlikely that anyone receiving the child from its mother would be unaware of her status").
In überlieferungsgeschichtlicher Perspektive ist CE § 35 Zusatz zu den durch die geschlossene Struktur eine Einheit bildenden Rechtssätzen CE

Regelung das uneingeschränkte Recht des Palates auf sein Eigentum.

2.6. Die Bestimmungen zur Einschränkung der Geschäftsfähigkeit in CE §§ 15; 16

Zwischen dem geschlossenen Block der Tarif- und Preisregelungen in CE §§ 1-14 und der mit CE § 17 eröffneten, ursprünglich selbständigen Sammlung eherechtlicher Bestimmungen in CE §§ 17; 18; 25-28 stehen die beiden Rechtssätze CE §§ 15; 16.

Text

CE § 15: B i 10-11

ina qāti wardim ū amtim tamkārum ū sābītum

kaspam še'am šipātim šamnam adi mâdim ul imaḫḫar

CE § 16: B i 12; A ii 1

mār awīlim lā zīzu ū wardum ul iqqīap

Übersetzung

CE § 15

Aus der Hand eines Sklaven oder einer Sklavin soll ein Kaufmann oder eine Schankwirtin[A] Silber, Gerste, Wolle, Öl und anderes mehr[B] nicht empfangen.

---

§§ 32-34. Auf den überlieferungsgeschichtlichen Zuwachs deutet die Einleitung mit *ū*; s. auch CE § 48; vgl. J.Bottéro, Antiquités (*AEPH. HP* 98), 102: "Le *ū* initial ('en outre') souligne l'insertion". In der Intention des Ergänzers sollen CE §§ 34; 35 einen einheitlichen Rechtssatz bilden; vgl. W.v.Soden, Rezension (*BiOr* 13), 34.

CE § 16

Dem Sohn eines *awīlum*, der sein Erbteil noch nicht erhalten hat[C], oder einem Sklaven soll nicht geborgt werden[D].

A) Zu *sābītum* s. *AHw* 999b; zur Funktion der "Schankwirtin" als Händlerin s. F.R.Kraus, Verfügungen (*SDIO* 11), 252f.

B) Zur Übersetzung s. *CAD* A/1 122b; M/1 24a; B.Landsberger, Jungfräulichkeit (*FS M.David*), 73; R.Borger, *TUAT* I/1, 34; C.Saporetti, Leggi (*1984*), 47. Möglich ist es auch, daß *adi mâdim* (wörtlich: "bis zum Vielwerden") hier einfach "in größeren Mengen" meint; s. W.v.Soden (Beiträge [*ArOr* 17/2], 369) gefolgt von J.Bottéro (Antiquités [*AEPHE. HP* 98], 91: "notable quantité ") und J.Klíma (Regelungen [*ArOr* 47], 30: "in angemessener Menge"). Dagegen lesen andere *adi maṭi-im*; s. F.M.Th.de Liagre-Böhl (Wetboek [*JESHO* 11], 99 Anm. 16: "tot een geringe hoevelheid toe"); E.Szlechter, Lois (*1954*), 18; ders., Lois [*RIDA* 3/25], 120: "jusqu'à peu/la moindre [valeur]"); E.Bouzon (Leis [*1981*], 74: "mesmo em pequena quantidade"). Die Übersetzung von A.Goetze (Laws [*AASOR* 31], 56f.: *adi mâdim*= "at the multiple [of its value] i.e. for speculation") hat keine Nachfolger gefunden.

C) Zur Übersetzung von *mār awīlim lā zīzu* s. R.Yaron, Laws (*1969*), 99f. ("a heir prior to the division of the paternal estate"); s. die Zusammenfassung der Diskussion bei E.Bouzon (Leis [*1981*], 75f.), der eine unspezifische Übersetzung ("ao filho de um awīlum não separado") bevorzugt.

D) So mit F.R.Kraus, Verfügungen (*SDIO* 11), 252f.301.396; vgl. ders., Edikt (*SDIO* 5), 163; so auch R.Yaron, Laws (*1969*), 98 ("much the best rendering seems to that given by Kraus").

Die Rechtssätze CE §§ 15; 16 sind darin aufeinander bezogen, daß sie Einschränkungen der Geschäftsfähigkeit und aus den Einschränkungen resultierende verbotene Rechtsgeschäfte behandeln. Die Einschränkung der Geschäftsfähigkeit eines *mār awīlum lā zīzu* wird von der eines *wardum* abgegrenzt. Der *mār awīlum lā zīzu* ist wie der *wardum* nach CE § 16 nur von Darlehen und damit vom Kreditkauf (*ul iqqīap*)[1] ausgenommen[2]. Während das Kreditgeschäft sich auf den großen Handel bezieht, unterliegt der *mār awīlim lā zīzu* im Bargeschäft des Kleinhandels keiner Beschränkung. Diese gilt nur für den Sklaven[3]. *tamkārum* und die für den Kleinhandel signifikante *sābītum* sollen von ihm weder Geld noch Waren entgegennehmen. Durch die Zusammenordnung von CE § 15 mit CE § 16 wird ein Analogieschluß von der Einschränkung der Geschäftsfähigkeit des *wardum* auf die des *mār awīlim lā zīzu* und umgekehrt ausgeschlossen.

---

[1]) S. dazu R.Haase, Rechtsquellen (*1965*), 92.

[2]) S.R.Yaron, Laws (*1969*), 98f.; vgl. dazu auch M.San Nicolò/H.Petschow, Schlußklauseln (^{2}*1974*), 76ff.

[3]) Die Rekonstruktion des Textes B i 11 *adi mâdim* impliziert keineswegs eine Einschränkung auf den Handel in größerem Umfange im Gegensatz zum vollständigen Ausschluß bei einer Rekonstruktion *adi maṭīm*.
Vielmehr bezieht sich *adi mâdim* nicht auf die Menge der gehandelten Ware, sondern die Aufzählung *kaspum še'um, šipatum, šamnum* abrundend auf die Zahl der unterschiedlichen Waren.
Aus CE § 16 lassen sich keine Gesichtspunkte für oder gegen die Leseart *adi mādim/ adi maṭīm* gewinnen; gegen I.Cardellini, "Sklaven"-Gesetze (*BBB* 55), 55f.

Sklave und "unmündiger" Sohn sollen in der Einschränkung der Geschäftsfähigkeit unterschieden werden[1]. CE §§ 15; 16 sind aufeinander bezogen und als Einheit bereits der Redaktion des Kodex Ešnunna vorgegeben.

CE § 15 ist durch den Rechtssatz CE § 16, der mit CE § 17 durch einen Stichwortzusammenhang (*mār awīlim*) verbunden ist[2], in diesen Zusammenhang gekommen. Die Intention der Redaktion muß sich also aus der Verbindung von CE § 16 mit der Eherechtssammlung CE §§ 17(18; 25-28) erklären. Die These einer CE §§ 15-18 verbindenden Thematik unwirksamer Rechtshandlungen[3] bleibt angesichts der grundlegenden Differenzen zwischen CE §§ 15; 16 und CE § 17; 18 als Erklärung für die Intention des Redaktors eher oberflächlich. Die Intention des Redaktors ist vielmehr an dem CE §§ 16; 17 verbindenden *mār awīlim* orientiert. CE § 17 bestimmt, daß, wenn der inchoativ verheiratete *mār awīlim* oder seine Braut stirbt, der Brautpreis an den Eigentümer des Geldes zurückkehrt (*kaspum ana bēli=šu=ma itâr*). Nicht angeführt wird, wer Eigentümer des

---

[1]) Dagegen will E.Szlechter (Interprétation [*RIDA* 3/17], 99) aus CH § 7 den Schluß ziehen, daß sich CE § 15 auch auf den *mār awīlim lā zīzu* bezieht: "Le rattachement des contrats prévus par l'art. 7 CH au *mār awīlim* et au *wardum* permet d'admettre qu'il en était de même dans les Lois d'Ešnunna, et que la prohibition de contracter une vente (art.15 LE) visait également le *mār awīlim lā zīzu*"; ähnlich J.J.Rabinowitz, Sections 15-16 (*BiOr* 16), 97.

[2]) H.Petschow (Systematik [*FS M.David*], 136) rechnet deshalb auch hier mit einer Attraktion zwischen CE §§ 17ff. und CE § 16 aufgrund der Stichwortverbindung.

[3]) So H.Petschow, a.a.O. (*FS M.David*), 138f.

Geldes ist. Dies kann der Vater des *mār awīlim* oder der Bräutigam sein[1]. Durch CE § 16 wird die Möglichkeit, daß ein *mār awīlim lā zīzu* das Kapital des Brautpreises als Kredit aufnimmt, ausgeschlossen. In diesem Falle müßte in Anwendung von CE §§ 17; 18 das Geld an den Kreditgeber zurückfallen. Dieser Fall wird durch CE § 16 ausdrücklich ausgeschlossen. Einem *mār awīlim lā zīzu* soll als nur eingeschränkt geschäftsfähig kein Kredit eingeräumt werden (*ul iqqīap*). Damit wird der *mār awīlim lā zīzu* auch von der Anwendung der in CE §§ 18(a); 19-21 aufgeführten Zinsregelungen ausgenommen. Gerade die mangelnde Absicherung eines solchen Kredits und der damit verbundenen Zinsforderung mag der Grund dafür sein, daß eine Darlehensfinanzierung der *terḫatum* durch den *mār awīlim lā zīzu* unterbunden werden soll.

Durch die Verbindung von CE § 16 mit CE §§ 17; 18 verschiebt sich die Rechtsintention von CE § 16. Geht es in CE § 16 ursprünglich darum, dem *mār awīlim lā zīzu* den Kreditkauf zu verbieten, so steht in der redaktionellen Verbindung von CE § 16 mit CE §§ 17; 18 die Unterbindung eines Darlehens an den *mār awīlim lā zīzu* zur Finanzierung der *terḫatum* aufgrund seiner eingeschränkten Geschäftsfähigkeit im Vordergrund[2].

Die Rechtssätze CE §§ 15; 16 stehen in enger Beziehung zu CE §§ 17; 18 und CE §§ 18(a); 19-21. Die Logik der Vorschaltung von CE §§ 15; 16 vor

---

[1]) Die altbabylonischen Ehekontrakte kennen beide Möglichkeiten; s. A.J.Skaist, Family Law (*Ph. D. Diss. Univers. of Pennsylvania 1963*), 43ff.58ff.

[2]) Wird CE § 15 mit aufgenommen, so wird ein Analogieschluß von der Einschränkung der Rechtsfähigkeit des *mār awīlim* auf die des *wardum* ausgeschlossen.

CE §§ 17; 18 ist die der chronologischen Abfolge im Alltagsleben. In CE §§ (15); 16 geht es um die Beschaffung des Geldes für den Brautpreis, in CE §§ 17; 18 um die Rückzahlung des Brautpreises nach Beendigung der Ehe durch den Tod eines der Ehepartner[1].

2.7. Die Redaktion von CE §§ 15-35

Die redaktionelle Zusammenfügung von Rechtssätzen so unterschiedlicher Rechtsbereiche wie Ehe, Darlehen, Pfändung und Pflegschaft hat verschiedene Erklärungen gefunden. V.Korošec[2] hat vermutet, daß in einer "zweiten Redaktion" die ursprünglich zusammenhängenden eherechtlichen Bestimmungen in CE §§ 17-18; 25-31 durch die Einschaltung der Rechtssätze zu Darlehen und Pfändung in CE §§ 18(a)-24 "auseinandergerissen" wurden. Warum aber sollte ein intakter Zusammenhang gestört worden sein? Der Hinweis auf die "Primitivität" der Systematik im Kodex Ešnunna reicht als Begründung kaum aus. Die Dislozierung der Ehegesetze in CE § §§ 17; 18; 25-28 ist für R.Yaron ein Zeichen, daß bei der Redaktion des Kodex Ešnunna keine besondere Sorgfalt aufgewandt wurde[3]. H.Petschow[4] hat sich der Frage nach der Logik in der Redaktion der

---

[1]) Einer Nachordnung von CE §§ 15; 16 hinter CE § 18 als Inklusion in die Ehegesetzgebung steht nicht nur die chronologische Abfolge im Alltagsleben entgegen, sondern auch, daß diese Stelle bereits durch die Zinsbestimmungen in CE §§ 18(a); 19a-21 besetzt war, und der Übergang von CE § 18 zu CE § 15 besonders hart wäre. Der Redaktor stellt Rechtssätze, die aufeinander Bezug nehmen, auch unmittelbar zusammen.

[2]) S. Keilschriftrecht (*HO* I/3), 86.

[3]) S. Laws (*1969*), 53.

[4]) S. Systematik (*FS M.David*), 136ff.

Rechtssätze CE §§ 18-31 intensiver zugewandt und eine differenziertere Lösung vorgeschlagen: In der Abfolge der Rechtssätze in CE §§ 16-18 und CE §§ 18aff./25ff. sei eine Parallelität festzustellen. Das Thema "Darlehen" in CE § 16 werde in CE §§ 18aff. fortgesetzt, das Thema der "inchoate marriage" und der perfekten Ehe (CE §§ 17; 18) in CE §§ 25ff. Die vermuteten Parallelitäten aber sind eher oberflächlicher Natur. Zwischen CE § 16 und der Zinsregelung CE § 18(a) gibt es keinen unmittelbaren Zusammenhang[1]. Die Pfandbestimmungen in CE §§ 22-24 bleiben ohne Pendant. Die Verbindung von CE §§ 17; 18 als Fall und Gegenfall der "inchoate marriage" und der vollzogenen Ehe hat in CE §§ 25ff. keine Entsprechung. Vor allem aber bleibt die entscheidende Frage ungeklärt, unter welchen Gesichtspunkten Eherecht, Zins- und Pfandrechtsbestimmungen in CE §§ 17-31 in zwei vermeintlichen Themenreihen jeweils zusammengefügt worden seien. Es geht in der redaktionellen Zusammenarbeitung der Rechtssätze nicht nur um formale, der Rechtssystematik äußerlich bleibende Gliederungsgesichtspunkte des Stoffes, sondern um eine den je einzelnen Rechtssatz überschreitende Systematik.

Die Analysen zu CE §§ 17-31 haben eine Reihe von ursprünglich selbständigen, durch je geschlossene redaktionelle Strukturen nach vorn und hinten abgegrenzte Sammlungen gezeigt. Die Ehegesetze CE §§ 17; 18; 25-28 sind durch das Strukturelement (A) *mār awīlim ana bīt emim terḫatam lībil=ma -šumma awīlum ana bīt emim terḫatam lībil=ma/ šumma awīlum ana bīt emi issi=ma/ šumma awīlum ana mārat awīlim terḫatam ūbil=ma* in den Protasen (CE §§ 17; 25; 26) sowie durch die Anknüpfung in den Strukturelementen B/ $F^{1/2}$/ $G^{1/2}$ (*šumma ina kilallīn ištēn ana šimtim ittalak/ lū āḫizānu lū kallātum ana šimtim ittalak* [CE §§ 17; 18],

[1]) Er wird erst durch CE §§ 17; 18 hergestellt.

balum šâl abi=ša u/ ū ummi=ša/ šumma awīlum mārat awīlim balum šâl abi=ša u/ ū ummi=ša īḫus=si=ma [CE §§ 26; 27] und *u/ ū kirrum u/ ū riksātim ana abi=ša u/ ū ummi=ša lā iškun/ šumma ul riksātim u/ ū kirram ana abi=ša u/ ū ummi=ša iškun=ma* [CE §§ 27; 28]) zusammengebunden.

Eine zweite Sammlung von Rechtssätzen in CE §§ 22-24 ist ebenfalls durch eine geschlossene Strukur nach vorn und hinten abgegrenzt. So werden die Protasen jeweils durch *šumma (awīlum) eli (=šu/awīlim) mimma lā īšu=ma* eröffnet (CE §§ 22-24) und durch *amat awīlim ittepe* (CE §§ 22; 23)/ *aššat muškēnim mār muškēnim ittepe* (CE § 24) und *nipûtam ina bīti=šu ikla=ma uštamit* (CE §§ 23; 24) fortgesetzt.

Die Rechtssätze CE §§ 29-31 sind Anhang zu den Ehegesetzen in CE §§ 17; 18; 25-28. Die Pfandbestimmungen in CE §§ 22-24 sind an die Zinsbestimmungen in CE §§ 18(a); 21 angefügt[1]. Unter chronologischen Gesichtspunkten wurden die mit der Brautpreisthematik verbundenen Bestimmungen der Einschränkung der Geschäftsfähigkeit in CE §§ 15; 16 den Eherechtsbestimmungen vorangestellt und die ursprünglich selbständige Sammlung der Kinderpflegschaftsbestimmungen in CE §§ 32-35 den Ehegesetzen nachgeordnet. Damit ergibt sich folgender Aufbau von CE §§ 15-35:

CE §§ 15; 16 (Einschränkungen der Geschäftsfähigkeit)

CE §§ 17; 18 (Ehebestimmungen)

CE §§ 18(a)-21 (Zinsbestimmungen)

CE §§ 22-24 (Pfandrechtsbestimmungen)

---

[1]) B.L.Eichler (Structure [*AOS* 67], 78) verbindet CE §§ 22-24 mit CE §§ 25; 26 unter dem Gesichtspunkt von "unlawful deprivation of a man's legal rights over another person", wobei CE §§ 22-24 als Brücke zwischen dem Vertragsrecht in CE §§ 15-21 und den Rechtssätzen zur Regelung des Rechtsstatus von Personen (CE §§ 25-35) diene.

CE §§ 25-28 (Ehebestimmungen)

CE §§ 29-30 (Wiederverheiratungsbestimmungen)

CE § 31 (Sklavenrecht)

CE §§ 32-35 (Pflegschaftsbestimmungen)

In die ursprünglich eine Einheit bildenden Ehebestimmungen wurden die Zins- und Pfandrechtsregelungen eingefügt. Die Bestimmungen zu Wiederverheiratung und Sklavenrecht wurden an das Eherecht angefügt, um die Regelung dieser Fälle von denen des Eherechts abzugrenzen und gegen Entscheidungen der Rechtsfolgen *per analogiam* zu sichern. Die Zinsbestimmungen in CE §§ 18(a)-21 waren kein ursprünglicher Bestandteil der Ehegesetzgebung, da sie an der geschlossenen Struktur der Redaktion dieser Rechtssätze keinen Anhalt haben. Darin findet die Abgrenzung der Zinsregelung (CE § 18[a]) als eigenständig gegenüber CE § 18[1] eine Bestätigung. Umgekehrt ist unübersehbar, daß der Redaktor, der CE § 18 mit CE § 18(a) verband, auf der Sprachebene eine enge Anbindung von CE § 18(a) an CE § 18 intendierte. Das Subjekt von *uṣṣab* in CE § 18(a) ist nur aus der voranstehenden eherechtlichen Regelung zu entnehmen[2]. CE § 18(a) wurde an CE § 18 angefügt,um den "Überschuß" (*watar=šu=ma*) zinsrechtlich zu fixieren. Mit der Darlehensregelung CE § 18(a) wurde auch CE §§ 19-24 in die Eherechtsgesetzgebung eingefügt und durch diese eingeschlossen[3]. Nicht aufgrund mangelnder Fähigkeiten eines Redaktors

---

[1]) S. W.v.Soden, Beiträge (*ArOr* 17/2), 370; M.San Nicolò, Bilalama (*Or* [N.S.] 18), 259; A.Goetze, Laws (*AASOR* 31), 62 Anm.10; 64 Anm.12 in Korrektur der editio princeps sowie R.Yaron, Laws (*1969*), 11.

[2]) So mit B.Landsberger, Jungfräulichkeit (*FS M.David*), 73.

[3]) Dieses Verfahren der Inklusion der Redaktionstechnik ist auch im altisraelitischen Recht mehrfach belegt; s. dazu im folgenden.

zur Systematik wurden diese Regelungen in den Zusammenhang des Eherechts eingestellt. Wird vielmehr die Zinsfußregelung CE § 18(a) zur Explikation von CE § 18 in die Ehegesetzgebung eingebracht und damit Teil eines Rechtskorpus, so besteht die Möglichkeit, daß diese Regelung vom eherechtlichen Kontext gelöst zur Regelung des Zinsfußes im Darlehenswesen allgemein genutzt wird. Soll einer uneingeschränkten und unspezifizierten Anwendung von CE § 18(a) über den Kontext des Eherechts hinaus im Darlehenswesen gewehrt werden, so müssen die einschränkenden und abgrenzenden Einzelbestimmungen zum Zinsrecht (CE §§ 19-21) dem Eherecht hinzugefügt werden. Dabei gilt für die Redaktion der auch im altisraelitischen Recht zu beobachtende Grundsatz, daß Rechtsfälle in dem Kontext geregelt werden, in dem sie auftreten[1]. *Wird in die eherechtlichen Bestimmungen eine zinsrechtliche Regelung eingeführt, so müssen die sich aus dieser Regelung im Bereich des Zinsrechts ergebenden Probleme in Abgrenzung von der eingeführten Bestimmung mit geregelt werden, wenn eine falsche Analogie vom Eherecht auf das Darlehensrecht aufgrund von CE § 18(a) verhindert werden soll.*

Die Bestimmungen in CE §§ 22-24 haben einerseits eine enge thematische Bindung an die Darlehensbestimmungen in CE §§ 18(a); 19-21 und andererseits an die Eherechtsregelungen in CE §§ 25-28. Die Apodosisformulierung in CE § 24 *dīn napištim nēpû ša ippû imât* wird in CE § 26 *dīn napištim=ma imât* wieder aufgenommen. Die These einer Stichwortassoziation reicht als Erklärung der Redaktion kaum aus. Der Redaktor will vielmehr CE § 26 von CE § 24 abgrenzen. Die unrechtmäßige Pfändung der Frau eines *muškēnum* ist nicht in Analogie zu CE § 26, dem Raub eines durch den Brautpreis gebundenen Mädchens, zu regeln. Wird in diesem Falle von Raub und Defloration die Todesstrafe angewendet, so gilt

---

[1]) Vgl. Verf., Rechtsbegründungen (*StudBibl* 3), 17.20.

dies bei unrechtmäßiger Pfändung nur im Falle der Verursachung des Todes der Frau. Auch in der Redaktion von CE §§ 17-31 wird also das bereits in den Teilsammlungen angewandte Redaktionsverfahren der Abgrenzung von Fällen mit analogen Zügen in den Protasen gegen einen Analogieschluß auf die Rechtsfolgen erkennbar.

Damit verbunden ist als ein weiterer Redaktionsgesichtspunkt, der schon in der Ehegesetzgebung in CE §§ 17; 18; 25-28 angewendet wurde, die chronologische Anordnung zu nennen[1]. Die Stellung von CE § 17 vor CE § 18 und der Abschluß der Sammlung mit dem Thema des Ehebruchs (CE § 28) ist darin begründet. Die chronologische Abfolge von Geschehnissen des Alltagslebens bestimmt auch die Logik der redaktionellen Anfügung von CE §§ 29-31 an das Eherecht in CE §§ 17; 18; 25-28. Die Probleme aus der Wiederverheiratung einer Frau werden denen der Verheiratung nachgeordnet.

Das Redaktionsprinzip der chronologischen Abfolge von Geschehensabläufen im Alltagsleben ist auch in der Voranstellung von CE §§ 15; 16 und der Anfügung der Sammlung CE §§ 32-35 an die Ehegesetzgebung leitend. CE §§ (15); 16 ist mit CE §§ 17; 18 durch die Thematik des Brautpreises verbunden. Vor der Übergabe des Brautpreises an den Brautvater stehen die Probleme der Beschaffung des Geldes für den Brautpreis. Dem *mār awīlim lā zīzu* wird die Beschaffung des Geldes auf dem Kreditwege durch Einschränkung seiner Geschäftsfähigkeit verwehrt. Die die Kinder betreffenden Pflegschaftsregelungen sind unter dem Gesichtspunkt der chronologischen Abfolge den Ehegesetzen nachgeordnet worden. So ergibt sich in CE §§ 15-35 eine Ordnung, die mit den Beschaffungsproblemen des Brautpreises beginnt, über die Ehegesetze und

---

[1]) S. dazu C.Boyer, Science juridique (*Rec.de l'Acad. de Législation* 12), 45-51; G.Cardascia, Lois assyriennes (*1969*), 45f.; H.Petschow, Systematik (*FS M.David*), 142 Anm.5.

die Wiederverheiratungsbestimmungen bis zu den die Kinder betreffenden Pflegschaftsbestimmungen führt.

Eng verwandt mit der chronologischen Anordnung ist schließlich das Redaktionsprinzip der Einschließung, das von dem Grundsatz ausgeht, daß Rechtsprobleme in dem thematischen Kontext von Rechtssätzen gelöst werden, in dem sie auftreten. Wie in der chronologischen Abfolge bestimmen auch in der Inklusion die Abläufe des Alltagslebens die Logik der Redaktion.

3. Die Redaktionstechnik der Einschließung in CE §§ 1-14; und Ex 21,27-22,2

Die Anwendung der Redaktionstechnik der Inklusion ist besonders deutlich in den Preis- und Tarifbestimmungen in CE §§ 1-14 nachvollziehbar. In die Bestimmungen der Miete von Schiff und Schiffer in CE § 4 und eines Erntearbeiters in CE § 7 wurden in CE §§ 5; 6 Bestimmungen zu fahrlässigem (*egûm*) Versenken und Diebstahl eines Schiffes eingefügt.

Text

CE § 4: A i 23-24
idi eleppim 1 kurrum 2 qa
u ⌈1/3 sū⌉ t idi malāḫim kala ūmi iredde=ši

CE § 5: A i 25-26
šumma malāḫum īgi=ma eleppam uṭṭebbe
mala uṭṭebbê umalla

CE § 6: A i 27-28

šumma awīlum ina nullānī eleppam lā šattam

iṣṣabat 10 šiqil kaspam išaqqal

CE § 7: A i 28-29

2 sāt še'um idi ēṣedim

šumma kaspum 12 uṭṭeti idi=šu

Übersetzung

CE § 4

Die Miete eines Schiffes von 1 Kor beträgt 2 Liter und 1/3 Liter ist die Miete des Schiffers. Er fährt den ganzen Tag.

CE § 5

Wenn ein Schiffer nachlässig ist und das Schiff untergehen läßt, soll er das, was er untergehen ließ, voll ersetzen.

CE § 6

Wenn ein awīlum widerrechtlich[A] *ein Schiff, das ihm nicht gehört, nimmt, wird er 10 Schekel Silber bezahlen.*

CE § 7

2 Liter Gerste beträgt die Miete eines Erntearbeiters; wenn es Silber ist, ist seine Miete 12 Gran.

A) Zur Übersetzung von *ina nullānī* s. A.Goetze, Laws (*AASOR* 31), 36f.; vgl. auch *CAD* N/2, 333b; *AHw* 803a.

CE §§ 5; 6 ist in eine Reihe von Preisen und Tarifen eingefügt, die durch das Stichwort *idum* (CE § 3/ *A i 22*; § 4/ *A i 23*; § 7/ *A i 28.29*; § 8/ *A i 29*; § 9/ *A i 33*; § 10/ *A i 34.35*; § 11/ *A i 36*; § 14/ *B i 8.9*) als Leitwort zusammengebunden ist. H.Petschow[1] deutet diesen Befund so, daß "innerhalb des Themas 'Tarife' infolge Attraktion ein anderes Thema eingeschachtelt ('erschöpfend') mitabgehandelt" wurde[2]. Doch reicht der Stichwortzusammenhang von "Schiff" und "Schiffer" kaum als Erklärung der redaktionellen Trennung des Rechtssatzes CE § 7 von CE § 4 aus. Auch hier gilt der Grundsatz, daß Rechtsprobleme in dem Kontext von Rechtssätzen gelöst werden, in dem sie auftreten[3]. Die Logik der Redaktion ist die Logik des alltäglichen Lebenszusammenhanges. Wenn ein Mann ein Schiff mietet (CE § 4) und es fahrlässig sinken läßt, so stellt sich die Frage nach seiner Verantwortung. Hat sich der Rechtssatz CE § 5 ursprünglich nur auf die Verantwortung des Schiffsführers gegenüber der Ladung bezogen[4], so wird durch die Verbindung mit CE § 4 der Wirkungsbereich des Rechtssatzes erweitert. Durch die redaktionelle Einfügung in den Kontext der Mietbestimmungen erfaßt er auch die Verantwortung des Schiffsführers eines gemieteten Schiffes gegenüber dem Schiffseigner. Wird der Mieter des Schiffes zu vollem Ersatz verpflichtet (*mala uṭṭebbê umalla*), so ist dem Schiffseigner und dem Besitzer der Ladung Ersatz zu leisten.

---

1) S. Systematik (*FS M.David*), 134.

2) So auch u.a. A.Goetze, Laws (*AASOR* 31), 37; R.Yaron, Laws (*1969*), 54.

3) S. Verf., Rechtsbegründungen (*StudBibl* 3), 17.20.

4) Vgl. CH §§ 236; 237. Zum Verhältnis dieser Bestimmungen zu CE § 5 s. E.Szlechter, Interprétation (*RIDA* 3/17), 92ff.

CE § 6 grenzt von der Mietbestimmung in CE § 4 den Fall ab, daß jemand ein Schiff nimmt, ohne einen Mietpreis zu entrichten. CE § 6 macht deutlich, daß dieser Fall nicht in Anwendung von CE § 4 durch eine nachträgliche Entrichtung des Mietpreises zu regeln ist, sondern als ein *furtum usus*[1] mit dem Vielfachen des Mietpreises[2] zu sanktionieren ist. Durch die Verbindung mit CE § 5 ist schließlich sichergestellt, daß auch in diesem Falle von *furtum usus* der Benutzer des Schiffes für Schiff und Ladung verantwortlich ist und im Falle des Unterganges Ersatz zu leisten hat[3].

Wie CE §§ 5; 6 unterbrechen die Rechtssätze CE §§ 12; 13 die Tarifbestimmungen für einen Arbeiter (CE § 11) und Walker (CE § 14).

Text

CE § 11: A i 36-37

idi agrim 1 šiqil kaspum 1 pan še'um ukullê=šu

warḫam ištēn illak

CE § 12: A i 37-40; B i 1-3

awīlum ša ina eqel muškēnim

ina kuru(1)lim ina muṣlālim iṣṣabbatu

10 šiqil kaspam išaqqal

---

1) S. dazu A.Goetze, Laws (*AASOR* 31), 40; H.Petschow, Systematik (*FS M.David*), 133f. (Lit.); vgl.auch die Parallele in FLP 1287 III 10-12; s. dazu R.T.Roth, Scholastic Tradition (*Ph. D. Diss. Univers. of Pennsylvania 1979*), 36ff.235ff.

2) Zu den Tarifen s. A.Goetze, Laws (*AASOR* 31), 38.

3) Andererseits wird durch die Verbindung von CE § 6 mit CE § 5 klargestellt, daß ein *furtum usus* durch Verlust des Schiffes nicht zum Diebstahlsfall wird.

ša ina mūšim ina kuru(1)lim
iṣṣabbatu imât ul iballuṭ

CE § 13: A i 41-42; B i 4-7
awīlum ša ina bītim ša muškēnim ina iṣim ina muṣlālim
iṣṣabbatu 10 šiqil kaspam išaqqal
ša ina mūšim ina bītim iṣṣabbatu
imât ul iballuṭ

CE § 14: B i 8-9
idi ašlākim 1 ṣubātum 5 šiqil kaspam lībil=ma 1 šiqil
ida=šu
10 šiqil kaspam lībil=ma 2 šiqlān ida=šu

Übersetzung
CE § 11
Der Lohn eines gemieteten Landarbeiters beträgt einen Schekel Silber. 10 Liter Gerste sind seine Verköstigung[A]. Er geht einen Monat.

CE § 12
Ein awīlum, der auf dem Felde eines muškēnum mit einer Getreidegarbe[B] *am Mittag ergriffen wird, soll 10 Schekel Silber darwägen. Derjenige, der mit einer Getreidegarbe in der Nacht ergriffen wird, soll sterben. Er soll nicht leben*!

CE § 13

Ein awīlum, der im Hause eines muškēnum mit Holz am Mittag ergriffen wird, soll 10 Schekel Silber bezahlen. Derjenige, der in der Nacht im Hause ergriffen wird, soll sterben. Er soll nicht leben!

CE § 14

Der Lohn eines Walkers beträgt, wenn er ein Gewand von 5 Schekel bringt[C], 1 Schekel, und wenn er (eines von) 10 Schekel bringt, beträgt sein Lohn 2 Schekel.

A) Zu *ukullûm* s. *AHw* 1406a. ŠÀ.GAL hat meistens die Bedeutung von "Viehfutter" und ist also Hinweis auf den niedrigen sozialen Status des LÚ.HUN.GA(*agrum*); s. dazu auch A.Goetze, Laws (*AASOR* 31), 46f.

B) So mit *AHw* 1569b und B.Landsberger, Jungfräulichkeit (*FS M.David*), 72; J.Klíma, Regelungen (*ArOr* 47), 31. Anders *CAD* K 572a: "A man who was seized *ina eqel muškēnim ina ku-ru-lim ina muṣlalim* among the shocks in the field of a private person during the noon siesta"; vgl. auch *CAD* M/2 243b; R.Borger, *TUAT* I/1, 34; A.Goetze, Laws (*AASOR* 31), 52f.: *kurullum* synonym mit *liwītu(m), pariktu(m)* "Grenze"/"Zaun".

C) Zur Konstruktion eines Konditionalsatzes ohne einleitende Partikel s. *GAG* § 160cß ("Prek. in einer Art von konditionaler Funktion").

Die Rechtssätze CE §§ 12; 13 sind aufeinander bezogen formuliert. Der Diebstahl *ina bītim ša muškēnim* soll dem *ina eqel muškēnim* entsprechend behandelt werden. Die Rechtssätze bildeten also schon vor Einfügung in den jetzigen Kontext eine Einheit. Über die formale Kategorie der

Attraktion[1] hinaus gilt für das Verständnis der Logik der redaktionellen Einfügung von CE §§ 12; 13 in den Kontext der Tarifbestimmungen, daß von dem berechtigten Betreten der Felder durch die Erntearbeiter das unberechtigte Betreten zum Zwecke des Diebstahls abgegrenzt werden soll. CE §§ 12; 13 wird durch die Einbindung in die Tarifbestimmungen der Erntearbeiter auch auf diese bezogen. Lohnarbeiter, die Diebstahl begehen, müssen am Tage aufgegriffen mit hoher Geldstrafe[2], bei Nacht angetroffen mit der Todesstrafe rechnen. Auch hier bestimmt also der Grundsatz die Redaktion, daß Rechtsprobleme in dem literarischen Kontext abgehandelt werden, in dem sie auch in der alltäglichen Lebenswirklichkeit auftreten.

CE §§ 12; 13 hat im altisraelititschen "Bundesbuch" in Ex 22,1.2a eine enge Parallele. Auch diese Rechtssätze sind wie CE §§ 12; 13 mittels der Redaktionstechnik der Inklusion in ihren Kontext eingestellt worden.

Ex 21,37

Wenn ein Mann ein Rind oder ein Schaf stiehlt und es schlachtet oder verkauft, so soll er 5 Rinder für ein Rind bezahlen und 4 Schafe für ein Schaf -

Ex 22,1

Wenn der Dieb beim Einbruch gefaßt wird und dabei geschlagen wird, so daß er stirbt, so liegt keine Blutschuld vor.

---

[1]) S. H.Petschow, Systematik (*FS M.David*), 134; kritisch dagegen äußert sich R.Yaron, Laws (*1969*), 54: "unexplained intrusion of secs.12 and 13, on trespass and burglary. Petschow, 'Systematik', p.134, thinks of attraction to the topic 'harvest', but this is not quite convincing".

[2]) S. H.Petschow, a.a.O. (*FS M.David*), 134 Anm.3 (Lit.).

Ex 22,2

Wenn die Sonne über ihm aufgegangen ist, liegt Blutschuld vor -

- soll er ihm ersetzen. Wenn er keinen Besitz hat, soll er übergeben[A] werden um seines Diebstahls willen.

Ex 22,3

Wenn in seiner Hand das gestohlene Leben gefunden wird, sei es Rind, Schaf oder Esel, so soll er das Doppelte bezahlen.

A) Vgl. E.Lipiński, Art. *mkr* (*ThWAT* IV), 871.

Die Blutschuldbestimmungen in Ex 22,1.2a unterbrechen die Diebstahlsgesetze in Ex 21,37; 22,2b.3. Die Rechtsfolgebestimmung in Ex 22,2bα. (*šăllem j^ešăllem*) ist der Blutrechtsüberlieferung Ex 21,1.2a fremd und setzt ursprünglich Ex 21,37 (*w^e'ărbă' sô'n tăḥăt hăśśāē šăllem j^ešăllem*) fort. In Ex 21,37-22,3[1] sind Rechtssätze zweier unterschiedlicher Rechtskreise miteinander verbunden worden: Ex 22,1.2a gehört in das Todesrecht (*damîm lô*), Ex 21,37; 22,2b in das kasuistische Recht, das im Ursprung Ersatzleistungsrecht (*j^ešăllem*) war. Warum aber wurde die Blutrechtsüberlieferung Ex 22,1.2a in die Diebstahlsgesetzgebung eingeführt? Es gilt auch hier der bereits in CE §§ 17; 18; [18a-24]; 25-28 und CE §§ 1-14

[1]) Ex 22,2bß ist ein Ex 22,14b ähnlicher Zusatz, der als Unterfall formuliert den Modus der Ersatzleistung im Falle, daß der Dieb nicht gemäß Ex 21,37; 22,2bα Ersatz leisten kann, regelt. Die Schlußstellung der gegenüber Ex 21,37 überlieferungsgeschichtlich sekundären Bestimmung Ex 22,3 (vgl. B.S.Jackson, Theft [*1972*], 41ff.) zeigt, daß diese Bestimmung wohl als letzte zugefügt wurde. Soweit ist D.Daubes These (Studies [*1947*], 90ff.) einer sukzessiven Erweiterung in Ex 21,37-22,3 zu folgen; doch erklärt diese These nicht insgesamt die Überlieferungsgeschichte von Ex 21,37-22,3, vor allem nicht, daß Ex 22,1.2a nicht an den vorgegebenen Kernbestand angefügt, sondern eingebunden wurde.

erkennbar gewordene Grundsatz, daß der alltägliche Lebenszusammenhang die Logik der Redaktion bestimmt. So ist die Diebstahlsgesetzgebung, die die Ersatzleistungspflicht des Diebes regelt, der angemessene Rahmen, auch die Blutrechtsregelung der Tötung eines auf frischer Tat ertappten Diebes einzufügen[1]. Durch die Inklusion von Ex 22,1.2a in den Rechtssatz Ex 21,37; 22,2bα wird die Rechtsfolgebestimmung *šällem j^e^šällem* der Diebstahlsgesetzgebung auf die Feststellung der Blutschuld *damîm lô* bezogen und stellt die daraus resultierende Todessanktion fest. So werden durch die Einschließung so unterschiedliche Rechte wie das Ersatzleistungs- und Todesrecht[2] miteinander verknüpft[3].

Im altisraelitischen "Bundesbuch" ist mehrfach die Redaktionstechnik der Zusammenfassung von Rechtssätzen in einer chiastischen Struktur angewendet worden. So umschließt die Prozeßrechtssammlung Ex 23,1-3.6-8, die

---

[1]) Diese Verbindung wird auch eine institutionshistorische Tiefendimension in der Form haben, daß die Blutracheinstitution, in deren Kontext ursprünglich Ex 21,1.2a gehört (s. K.Koch, Blut [*WdF* 125], 452; F.C.Fensham, Family Law [*Dine Israel* 1], XVI), mit der Institution der Ortsgerichtsbarkeit, dem "Sitz im Leben" des kasuistischen Konfliktregelungsrechts (vgl. dazu A.Alt, Recht [*KlSchr.*1], 288f.; G.Liedke, Rechtssätze [*WMANT* 39], 39ff.), verbunden wurde. Dieser Vorgang spiegelt sich auch in Ex 21,12-14 wider; s.Verf., Rechtsbegründungen (*StudBibl* 3),20.32ff.; zu paralleler Entwicklung im griechischen Recht; s.K.Latte, Strafrecht (*WdF* 45), 284ff.; vgl. zum Grundsätzlichen auch R.Schnur (Hg.), Institution (*1968*). Zu rechtshistorisch ähnlichen Prozessen im heutigen Melanesien s.Verf., Rezeption (*Zeitschr. f. Mission* 13), (im Druck); zum afrikanischen Kontext s. G.L.Syambwa, Law (*theol. Mag. Schr. Hamburg 1983*).

[2]) Die Todessanktion wird dadurch als Ersatzleistung für die Schädigung der Familie des getöteten Diebes interpretiert. Der darin implizierte Schutz des Lebens eines Diebes ist eine Besonderheit des israelitischen Rechts; vgl. B.S.Childs, Exodus (*OTL*), 474.

[3]) Das Redaktionsverfahren der Inklusion ist auch in der erzählenden Literatur des AT (vgl. 2 Chr 2,1-17) belegt; weitere Beispiele s. H.v. Dyke Parunak, Structure (*Bibl* 62), 160ff.

ihrerseits Züge einer chiastischen Struktur zeigt[1], die ethische Bestimmung zur Nachbarschaftshilfe Ex 23,4f.[2].
Die Prozeßrechtssammlung ihrerseits wird gerahmt durch die Aussonderungsgebote Ex 22,28f.; 23,10-12, so daß sich insgesamt eine chiastische Struktur von Ex 22,28-23,12 ergibt. Ebenfalls chiastisch ist die Gliederung in Ex 21,2-22,26*. Rechtssätze des Ersatzleistungsrechts bei Sach- und Körperschäden (Ex 21,18-22,16) werden durch apodiktische Sätze des Todesrechts (Ex 21,12-17; 22,17-19) und soziale Schutzbestimmungen (Ex 21,2-11; 22,20-26*) gerahmt. Ursprung dieser Redaktionstechnik ist die der Einschließung. Die Inklusionstechnik leitet sich aus der Verbindung von Redaktion und konkreter alltäglicher Lebenswelt ab, insofern Rechtssätze in den literarischen Kontext eingestellt werden, der auch der Kontext der Rechtsfälle im Alltagsleben ist. In der chiastischen Strukturierung löst sich dieses Verfahren von der Anbindung an die alltägliche Lebenswelt und wird zu einer Redaktiontechnik[3], die einer im "Bundes-

---

1) S. Verf., Rechtsbegründungen (*StudBibl* 3), 47ff.; weitergehend in der chiastischen Strukturierung J.Halbe, Privilegrecht (*FRLANT* 114), 430ff.; ders., Gemeinschaft (*BEThL* 68), 64f.

2) S. dazu Verf.,Recht (*Osnabrücker Hochschulschriften. Schriftenr.d.FB 3*, Bd.9), 147f.; zur Interpretation von Ex 23,5 (par. Dtn 22,4) s. auch B.Margalit, Ugaritic Contributions (*ZAW* 99), 395f.; zu Dtn 22,1-4 s. H.-P.Mathys, Nächstenliebe (*OBO* 71), 35f.

3) Eine ähnliche Entwicklung der Redaktionstechnik ist in altisraelitischen Sakralrechtsüberlieferungen aufweisbar. In Dtn 16,1-7 (8) wird zur Zusammenfassung von Mazzotfestüberlieferung und Passaüberlieferung (s. dazu Verf., Feste [*TRE* XI], 96ff.) ein aus der Inklusionstechnik entwickeltes Verfahren der Rahmung (V.1aßb. 2/7) verbunden mit der Anordnung des Stoffes in einem A-B-Schema (Mazzotfestanweisung: V.3.4a/ Passaanweisung: V.4b.5-6) angewendet; s.Verf., Art. *pāsaḥ/ paesaḥ* (*ThWAT* VI), (im Druck).

buch" zu beobachtenden zunehmenden Verfeinerung der Zusammenfassung von Rechtssätzen und Rechtssatzgruppen dient[1].

4. Die Redaktion der Regelungen von Sach- und Körperschäden in CE §§ 36-59(60)

Der auf die Preis- und Tarifbestimmungen in CE §§ 1-4; (5;6); 7-11; (12;13); 14 und den Block der um das Eherecht gruppierten Rechtssätze in CE §§ 15; 16/ 17; 18/ 18a-21/ 22-24/ 25-28/ 29-31/ 32-35 folgende dritte Block in CE §§ 36-59 (60) umfaßt Rechtssätze des Depositenrechts (CE §§ 36; 37), des Verkaufsrechts (CE §§ 38-41),der Körperverletzungsfälle (CE §§ 42-48; 53-58), des Sklavenrechts (CE §§ 49-52) und des Versorgungsrechts bei Scheidung (CE § 59). Ehe nach den in diesem Abschnitt wirksamen Redaktionsprinzipien gefragt werden kann, ist nach denen innerhalb der je einzelnen Abschnitte zu fragen.

4.1. Das Depositenrecht in CE §§ 36; 37

Text

CE § 36: A iii 14-17; B ii 24-28

šumma awīlum bušê=šu ana napṭari ana maṣṣartim iddin=ma

---

[1]) Vgl. F.I.Andersen, Sentence (*1974*), 119ff.; H.v.Dyke Parunak, Structure (*Bibl* 62), 163f.; als Beispiel chiastischer Strukturierung in erzählender Literatur s. Gen 28,11f.17-19a; vgl. Verf., Jakob (*ZAW* 88), 170ff.; ders., Jakob (*BWANT* 110), 67ff.; zur Diskussion vgl. auch R.Rendtorff, Jakob (*ZAW* 94), 511ff. Zu chiastischen Strukturen in den Klageliedern d. E. s. die Strukturanalysen von D.Dhanaraj, Significance (*Diss. phil. Osnabrück 1988*).

bītum lā pališ sippu lā ḫališ
aptum lā nasḫat bušê maṣṣartim
ša iddinu=šum uḫtaliq bušê=šu irīab=šum

CE § 37: A iii 18-23; B iii 1-6
šumma bīt awīlim <luqqut> itti bušê awīl maṣṣartim
ša iddinu=šum ḫulluq bēl bītim ḫaliq
bēl bītim ina bāb bīt Tišpak nīš ilim izakkar=šum
itti bušê=ka bušû=ja lū ḫalqu iwītam
u sartam lā ēpušu izakkar=šum=ma mimma
eli=šu ul īšu

Übersetzung

CE § 36

Wenn ein *awīlum* seinen Besitz einem *napṭarum*[A] zur Verwahrung gibt und in das Haus nicht eingebrochen, der Türpfosten nicht aufgebrochen, das Fenster nicht herausgerissen ist und er das Depositum[B], das er ihm gegeben hat, verloren gehen läßt[C], soll er ihm seinen Besitz ersetzen.

CE § 37

Wenn das Haus eines *awīlum* ausgeplündert[D] (und) mit dem Depositum des *awīlum*, das er ihm gegeben hat, Verlust den Besitzer des Hauses trifft, so soll ihm der Besitzer des Hauses im Tor des Tempels des *Tišpak* einen Eid schwören: "Zusammen mit deinem Besitz ist (gewißlich[E]) mein Besitz abhanden gekommen - falsche Behauptung und Betrug habe ich nicht begangen" - so soll er ihm schwören. Er soll keinen Anspruch gegen ihn haben.

A) S. zu *napṭarum AHw* 742a: "Eine Art von Gastfreund, Vertrautem"; vgl. auch W.v.Soden, Beiträge (*ArOr* 17/2), 371f.; ders.,Neubearbeitungen (*OLZ* 53), 521; F.M.Th.de Liagre-Böhl, Wetboek (*JESHO* 11), 102 Anm.34; ähnlich E.Szlechter, Lois (*1954*), 25.84 bes. Anm.11; ders.,Lois (*RIDA* 3/25), 133.176: "aubergiste"; dagegen A.Goetze, Laws (*AASOR* 31), 98 Anm.1; B.Landsberger, Jungfräulichkeit (*FS M.David*), 98 Anm.2.

Der Versuch einer Deutung von *napṭarum*, der nicht den Beleg in CE § 41 einbezieht, kann schwerlich überzeugen. Dies gilt für die Übersetzung mit "professional custodian" (A.Goetze, a.a.O., [*AASOR* 31], 98) oder mit der "Standesbezeichnung eines Immunen" (B.Landsberger, a.a.O. [*FS M.David*], 98f.; gefolgt von R.Borger, *TUAT* I/1, 36). So muß A.Goetze (a.a.O., [*AASOR* 31], 109f.) in CE § 41 zu der neben *ubārum* und *mudûm* wenig passenden Übersetzung mit "one awaiting redemption" Zuflucht nehmen, während die von W.v.Soden vorgeschlagene Übersetzung sich in CE § 41 glatt einfügt. Auch die Deutung von *napṭarum* als "Logis"/"*han*" durch F.R.Kraus (Akkadische Wörter [*RA* 70], 165ff.) scheitert an CE § 41. C.Saporetti (Leggi [*1984*], 48) verzichtet auf eine Übersetzung: "L'interpretazione del termine è incerta".

Sollte die von W.v.Soden vorgeschlagene Lösung richtig sein, dann dürfte der für die Interpretation des Rechtssatzes wichtige Aspekt darin liegen, daß ein *bīt napṭari (+ Pron.-suff.)* nicht an dem Ort ist, an dem derjenige, auf den sich das Suffix bezieht, zuhause ist; vgl. W.v.Soden, Beiträge (*ArOr* 17/2), 371. Der Depositor hat also keine Möglichkeit der Kontrolle und des Schutzes seines als Depositum gegebenen Besitzes, sondern ist in besonderem Maße auf die Zuverlässigkeit des Depositars angewiesen.

B) Wörtlich "der Besitz der Verwahrung".

C) Gegen die Lesung *iḫ-ta-li-iq* (A iii 17)/ *iḫ-ta-al-li-iq* (B ii 27) (so E.Szlechter, Lois [*1954*], 83.86; vgl. ders., Lois [*RIDA* 3/25], 134 Anm.60; 176) s. W.v.Soden, Rezension (*BiOr* 13), 34; ders., Beiträge (*ArOr* 17/2), 372 (*uḫ-ta-[al]-li-iq*). Auf das Prinzip der Verschuldenshaftung (*culpa in custodiendo*) ist aus der Lesung *uḫtalliq* nicht zu schließen; s. H.Petschow, Rezension (*ZA* 54), 271 Anm.33; R.Yaron, Laws (*1969*), 165.

D) In *šumma bīt awīlim lū imput* ist das *lū* unmotiviert. A.Goetze (Laws [*AASOR* 31], 100f.) hat deshalb *ippališ lu* als in einer den Tafeln A und B vorausliegenden Fassung bereits ausgefallenes Homoioteleuton eingefügt. Doch bleibt diese Konjektur hypothetisch.
Mehr Überzeugungskraft hat die von B.Landsberger (Jungfräulichkeit [*FS M.David*], 99) und J.J.Finkelstein (Studies [*JAOS* 90], 254) vorgeschlagene Lesung *luqqut* ("ausgeplündert") in ihrem engen Bezug auf CE § 36; so auch R.Yaron, Laws (*1969*), 7.166; E.Bouzon, Leis (*1981*), 130 gegen die u.a.von E.Szlechter (Lois [*1954*], 26) und *CAD* B 353b bevorzugte Lesung *lū imput* (anders *CAD* L 101b);vgl.auch *AHw* 606a.

E) Bedeutungspartikel *lū* aus B iii 4.

Das Depositenrecht in CE §§ 36; 37 ist als Doppelsatz in der Abfolge von Fall und Gegenfall gegliedert[1]. CE § 36 behandelt den Fall der Ersatzleistungspflicht des Depositars bei Verlust des Depositums, CE § 37 den Fall der Befreiung von dieser Ersatzleistungspflicht. CE § 36 ist am Prinzip

---

1) Vgl. dazu H.Petschow, Systematik (*ZA* 57), 171 mit Anm.148; ders., Systematik (*FS M.David*), 134 Anm. 3; 136.142 Anm.5; C.Locher, Ehre (*OBO* 70), 68ff.

der Erfolgshaftung[1] orientiert. Über die Pflicht zur Ersatzleistung entscheidet der Tatbestand des nachweisbaren Einbruchs in das Haus des Depositars[2]. Der sich in diesem Doppelgesetz widerspiegelnde Rechtsvorgang ist noch zu rekonstruieren: Im Falle, daß der Depositar das Depositum nicht zurückgeben kann[3], sondern den Verlust durch Diebstahl meldet, wird geprüft, ob das Haus des Depositars Spuren eines Einbruchs zeigt. Ist dies nicht der Fall, wird das simplum als Ersatz fällig. Liegen Hinweise auf einen Einbruch vor und haben Depositor und Depositar gemeinsam Verlust erlitten, so bekräftigt der Depositar durch einen Eid am Tempel[4], daß er nicht betrügerisch gehandelt, also den Einbruch nicht inszeniert habe und ist damit frei von der Pflicht der Ersatzleistung. Der sich in CE §§ 36; 37 niederschlagenden Stringenz des Verfahrensablaufs korrespondiert die enge, den jeweiligen Fall übergreifende Verknüpfung von Fall und Gegenfall. Die Einleitung von CE § 36 in A iii 14/15a - B ii 24/25a übergreift A iii 14-17/ B ii 24-28 und ist ebenfalls notwendiger Bestandteil der Protasis in A iii 18-23/ B iii 1-6. Ohne diese Eröffnung der Protasis von CE § 36, die das Thema des Depositenrechts einführt ("wenn ein Mann seinen Besitz einem *napṭarum* zur Aufbewahrung gibt")

---

[1]) S. dazu M.San Nicolò, Rechtsgeschichte (*1931*), 184f.

[2]) Wenn E.Szlechter (Lois [*1954*], 83 mit Anm.10; ders., Lois [*RIDA* 3/25], 176) in *uḫ-/(iḫ)-ta-(-al)-li-iq* im D - Stamm in A iii 17/ B ii 27 im Gegensatz zum stativischen Gebrauch dieses Verbs in CE § 37 einen Hinweis auf das Verschuldensprinzip sehen will, so überzieht er den sprachlichen Befund; s. R.Yaron, Laws (*1969*), 165.

[3]) Zu den unterschiedlichen Rückgabebestimmungen in Depositenverträgen s. M.Schorr, Urkunden (*1913*), 102f.

[4]) Zum Eid im Tor des *Tišpak*-Tempels s. auch die Belege bei I.Gelb, Inscriptions (*1955*), Nr. 7.26. In der Urkunde Greengus, 25,25 wird *Tišpak* zusammen mit dem Herrscher *Narām -Su'en* beschworen; s. S.Greengus, Tablets (*1979*), 66 Anm.25.

wäre die Protasis von CE § 37 kaum verständlich. Darüber hinaus setzt die Protasis in A iii 18/ B iii 1 die Kriterien zur Feststellung eines Einbruchs in A iii 15b/ B ii 25b.26a voraus, so daß in CE § 37 auf eine erneute Tatbestandsdefinition des Einbruchs verzichtet werden konnte. A iii 18/ B iii 1 knüpft als Gegenfall direkt an A iii 15b.16a/ B ii 25b.26a an.

4.1.1. Redaktionsgeschichte des Depositenrechts in CE §§ 36; 37; CH §§ 122-126 und Ex 22,6-14

Der Rechtsvergleich von CE §§ 36; 37 mit CH §§ 122-126 und Ex 22,6-14 vermag wichtige Einsichten in die jeweilige Besonderheit der Redaktionsverfahren im Keilschriftrecht und im altisraelitischen Recht des Alten Testaments zu geben[1]. Wenden wir uns zunächst dem Depositenrecht in CH §§ 122-126 zu:

Text

CH § 122 (Rs IV 31-43)
šumma awīlum ana awīlim kaspam ḫurāṣam ū mimma šum=ša
ana maṣṣārūtim inaddin mimma mala inaddinu šībī
ukallam riksātim išakkan=ma ana maṣṣārūtim inaddin

CH § 123 (Rs IV 44-52)
šumma balum šībī ū riksātim ana maṣṣārūtim iddin=ma
ašar iddinu ittakrū=šu dīnum šū rugummâm ul īšu

---

[1]) Zur Überlieferungsgeschichte des keilschriftlichen und altisraelitischen Depositenrechts s. Verf., Depositenrecht (*ZSS* 105), (im Druck).

CH § 124 (Rs IV 53-65)

šumma awīlum ana awīlim kaspam ḫurāṣam ū mimma šum=šu
maḫar šībī ana maṣṣārūtim iddin=ma ittakir=šu awīlam
šuāti ukannū=šu=ma mimma ša ikkiru uštašanna=ma inaddin

CH § 125 (Rs IV 66-R V 7)

šumma awīlum mimmâ=šu ana maṣṣārūtim iddin=ma ašar
iddinu ū lū pilšim ū lū ina nabalkattim mimmû=šu itti
mimmê bēl bītim iḫtaliq bēl bītim ša īgu=ma mimma ša
ana maṣṣārūtim iddinu=šum=ma uḫalliqu ušallam=ma ana
bēl namkūrim/makkūrim irīab bēl bītim mimmâ=šu ḫalqam
[i]šteni=ma šarrāqāni=šu ileqqe

CH § 126 (Rs V 8-24)

šumm[a a]wīlum mimmû=šu lā ḫaliq=ma mim ⌜mû'a⌝ ḫaliq iqtabi
bābta=šu ūtebber kīma mimmû=šu lā ḫalqu bābta=šu ina
maḫar ilim ubār=šu=ma mimma ša irgumu uštanna=ša=ma
ana bābti=šu inaddin

Übersetzung

CH § 122

Wenn ein *awīlum* einem anderen Silber, Gold oder irgend etwas[A] zur Aufbewahrung gibt, soll er alles, was er gibt[B], Zeugen zeigen, einen Vertrag erstellen und zur Aufbewahrung geben[C].

CH § 123

Wenn er es ohne Zeugen und Vertrag[D] zur Aufbewahrung gibt, und es ihm[E] dort, wohin er es gegeben hat, abgeleugnet wird, so kann er nicht in einem Prozeß Klage erheben[F].

CH § 124

Wenn ein *awīlum* einem anderen Silber, Gold oder irgend etwas vor Zeugen zur Aufbewahrung gibt und er es ihm ableugnet, soll man diesen Mann überführen. Alles, was er abgeleugnet hat, soll er doppelt geben.

CH § 125

Wenn ein *awīlum* irgend etwas ihm Gehörendes zur Aufbewahrung gibt, und dort, wohin er es gegeben hat, entweder durch eine Einbruchstelle oder ein Übersteigen[G] etwas ihm Gehörendes zusammen mit etwas dem Hausbesitzer Gehörendem abhanden kommt, soll der Hausbesitzer, der nachlässig ist, alles, was er ihm zur Aufbewahrung gegeben hat, und er abhanden kommen läßt, dem Eigentümer des Besitzes vollständig ersetzen. Der Hausbesitzer soll seinen verlorenen Besitz ständig suchen[H] und ihn von seinem Dieb zurücknehmen.

CH § 126

Wenn ein *awīlum*, dem nichts abhanden gekommen ist, erklärt: "Etwas mir Gehörendes ist mir abhanden gekommen" und gegenüber seinem Stadtbezirk[I] falsche Anzeige erhebt, soll sein Stadtbezirk es ihm vor Gott nachweisen, daß nichts ihm Gehörendes abhanden gekommen ist, und alles, worauf er Klage erhoben hat, soll er seinem Stadtbezirk doppelt geben.

A) Zur Übersetzung s.*GAG* § 48h. Zu den als Depositum gegebenen Gütern, die in den altbabylonischen Rechtsurkunden belegt sind, s. M.Schorr, Urkunden (*1913*), 102.

B) Zur Übersetzung s. *GAG* § 168f.

C) S. die Formel *ana maṣṣārtim maḫar šībī ipqid* "(hat A an B) zur Aufbewahrung vor Zeugen anvertraut"; vgl. M.Schorr, Urkunden (*1913*), Nr.72,10-12.

D) P.Koschaker (Studien [*1917*], 8ff.) hat mit gewichtigen Argumenten aufgezeigt, daß es sich um die der Beweissicherung dienende Vorschrift eines schriftlichen Vertrages handelt.

E) Zur Bezugsmöglichkeit des Suffix in *ittakrū=šu* auf Depositor und Depositum s.G.R.Driver/J.C.Miles, Laws, Bd.2 (*1955*), 210.

F) Zur Übersetzung vgl. R.Borger, *BAL*², 251b; *AHw* 993b: "In einem Prozeß (nicht) Recht bekommen".

G) Vgl. zu *ina nabalkattim CAD* N/1 9b; *AHw* 694b; G.R.Driver/J.C.Miles, Laws, Bd.2 (*1955*), 210f.: "Leiter" (Lit.); vgl. auch R.Borger, *BAL*², 244a: "Leiter oder Brücke (?)"; ders., *TUAT* I/1, 57.

H) Zur Übersetzung vgl. *GAG* § 106t.

I) S. *AHw* 94b; *CAD* B 10b; vgl. auch G.R.Driver/J.C.Miles, Laws, Bd.1 (²*1956*), 241-244; Bd.2, (*1955*), 211f.; vgl. auch C.Locher, Ehre (*OBO* 70), 300ff.: "Könnte... ein ethnisch geprägtes, autonomes gesellschaftliches

Subsystem, konkret ein auch in städtischen Agglomerationen nachbarschaftlich zusammenwohnender Großfamilienverband, der mit weitgehender Selbstverwaltung ausgestattet war und der seinen Mitgliedern gegenüber richterliche Funktionen wahrnahm, (sein)".

Die Rechtssätze in CH §§ 123; 124 regeln die sich aus der möglichen Ableugnung des Depositums durch den Depositar ergebenden Probleme. CH § 124 bestimmt, daß im Falle, daß ein Depositar das Depositum ableugnet, der Depositor mittels der Zeugen den Beweis antreten und den Depositar überführen muß. CH § 124 impliziert also den unter Zeugen formgerecht abgeschlossenen Verwahrungsvertrag. Der Rechtssatz hat sein Ziel darin, auf eine solche Zeugensicherung bei Übergabe des Depositums hinzuwirken und ist Gegenfall zu CH § 123. CH § 123 regelt den Fall, daß ein formlos übergebenes Depositum abgeleugnet wird. In CH § 122 wird als formale Beweissicherungsvorschrift die CH § 123 und CH § 124 als Fall und Gegenfall verbindende Intention explizit[1]. CH § 122 übernimmt also in der vorliegenden Textgestalt die Funktion eines Hauptgebots[2], das in CH § 123 und CH § 124 entfaltet wird. CH § 123 behandelt die Konsequenz bei Bestreitung des Depositums, die es für den Depositor nach sich zieht, wenn er CH § 122 nicht beachtet - CH § 124

---

[1]) Das überlieferungsgeschichtliche und rechtshistorische Gefälle zwischen CH § 124 und CH §§ 122; 123, das schon an der Ergänzung des Beweismittels des Zeugen durch das des schriftlichen Vertrages erkennbar ist, deutet darauf hin, daß CH §§ 122; 123 Explikation der Kernüberlieferung CH § 124 ist; zur Diskussion mit G.R.Driver/J.C.Miles (Laws, Bd.1 [[2]*1956*], 237f.), die das *ū* in *balum šībī ū riksātim* disjunktiv verstehen, s. Verf., Depositenrecht (*ZSS* 105), (im Druck); vgl. auch E.Pritsch, Besprechung (*JCS* 10), 71.

[2]) Zur Funktion des *prt inaddin* bezogen auf zukünftiges Handeln, s. G.R.Driver/J.C.Miles, a.a.O. ([2]*1956*), 236.

schließt die Konsequenz für den betrügerisch das Depositum bestreitenden Depositar an. In CH § 125 geht es um den Verlust des Depositums. Im Falle des erwiesenen Einbruchdiebstahls, bei dem Eigentum des Depositars zusammen mit dem Depositum gestohlen wurde, hat der Depositar vollen einfachen Ersatz[1] zu leisten und sich am Dieb schadlos zu halten. G.R.Driver und J.C.Miles[2] haben mit Recht das Motiv der gemeinsamen Schädigung von Depositor und Depositar damit erklärt, daß dadurch gesichert werde, daß der Depositar nicht betrügerisch als Dieb gehandelt habe. CH § 125 läßt offen, was geschieht, wenn der Depositar diesen Nachweis nicht erbringen kann. Aus der Verbindung von CH § 125 mit CH §§ 120; 124 dürfte sich dieser Fall lösen: Wird die fälschliche Abstreitung des Depositums mit der Forderung des duplum sanktioniert, so gilt dies auch für den Fall der falschen Behauptung, das Depositum sei gestohlen worden. Ableugnung und nicht erweisbare, also falsche Behauptung des Verlustes durch Diebstahl, sind auf einer Ebene angesiedelt. CH § 122-125 stärken gegenüber CE §§ 36; 37 die Rechte des Depositors gegenüber dem Depositar unter der Voraussetzung einer formgerechten Übergabe des Depositums (CH § 122).

CH § 126 schließt sich an, um einen Mißbrauch dieser Rechte durch den Depositor zu verhindern[3]. CH § 126 wehrt dem Mißbrauch der Rechte des

---

1) Zu *ušallamu* in CH § 125 in der Bedeutung von "vollständig geben/ersetzen" als "voller Ausgleich eines entstandenen Schadens" s. R.Haase, Miszellen. I (*ZvR* 66), 178-183; vgl. auch G.Gerleman, Art. *šlm (ThHAT* II), 923f. J.Milgrom (*šlm* [*JNES* 35], 271f.) hat aufgezeigt, daß es sich dabei um Geldzahlungen handelt. In Fällen des geforderten Naturalersatzes wird dieser genau spezifiziert (*meḫeršu*[*m*]/ *bušêšu*[*m*]; vgl. CE §§ 23; 35; 36).

2) S. a.a.O., 239.

3) Zur Interpretation von CH § 126 s. Verf., Depositenrecht (*ZSS* 105), (im Druck).

Depositars und ergänzt in diesem Sinne CH § 124. Der Depositar ist durch die Sanktion des duplum gegen eine fälschliche Anzeige des Verlustes des Depositums[1] durch den Depositor geschützt. Der Rechtsvorgang, der hinter CH § 125; 126 steht, ist noch zu rekonstruieren. Im Falle der fälschlichen Bestreitung des Depositums durch den Depositar wird für diesen das duplum fällig. Im Falle des durch den Depositar unbestrittenen Verlustes hat dieser das simplum als Ersatz zu leisten, wenn ein Einbruch vorliegt und Gut des Depositars mit dem Depositum gestohlen wurde. Im Falle der betrügerischen Anzeige des Verlustes eines Depositums durch den Depositar hat dieser das duplum zu zahlen[2].

Der Vergleich mit dem altisraelitischen Depositenrecht verdeutlicht Gemeinsamkeiten und Besonderheiten keilschriftlicher und altisraelitischer Redaktionsverfahren von Rechtssätzen.

Ex 22,6
Wenn ein Mann seinem Nächsten Gold oder Gerät[A] zur Aufbewahrung gibt und es wird aus dem Hause des Mannes gestohlen, soll, wenn der Dieb gefunden wird[B], (dieser) doppelten Ersatz leisten[C].

Ex 22,7
Wenn der Dieb nicht gefunden wird, so soll der Depositar[D] vor die Gottheit treten[E], ob er nicht seine Hand ausgestreckt hat nach dem Vermögen seines Nächsten.

---

[1]) CH § 126 knüpft mit *mimmû=šu lā ḫaliq=ma/ mim mû'a ḫaliq/ mimmû=šu lā ḫalqu* an CH § 125 *mimmû=šu ...iḫtaliq/ mimmâ=šu ḫalqam* an.

[2]) Zur Geschichte des Depositenrechts s. P.Koschaker, Studien (*1917*), 26ff.; J.M.Price, Deposit (*JAOS* 47), 250-255; Verf., Depositenrecht (*ZSS* 105), (im Druck).

Ex 22,8

In allen Fällen von Eigentumsdelikten[F], mag es sich um ein Rind oder einen Esel oder ein Schaf oder ein Kleidungsstück handeln, um alles was verloren ging, wovon er sagt: "Fürwahr, dieses ist es" - vor Gott[G] soll die Angelegenheit der beiden gebracht werden. Wen die Gottheit für schuldig erklärt[H], der soll seinem Nächsten doppelten Ersatz leisten.

Ex 22,9

Wenn ein Mann seinem Nächsten einen Esel oder ein Rind oder ein Kleinvieh oder irgendein Großvieh zur Hütung anvertraut, und es stirbt oder bricht ein Glied (oder wird geraubt)[I], und es gibt keinen Zeugen,

Ex 22,10

soll ein Eid vor *JHWH* zwischen den beiden sein, daß er nicht seine Hand nach dem Eigentum seines Nächsten ausgestreckt hat, und sein Besitzer soll es nehmen und er soll keinen Ersatz leisten.

Ex 22,11

Wenn es ihm tatsächlich gestohlen wurde, soll er es seinem Besitzer ersetzen.

Ex 22,12

Wenn es zerrissen wurde, soll er ein Zeugnis des zerrissenen Tieres bringen. Das Zerrissene braucht er nicht zu ersetzen.

Ex 22,13

Wenn ein Mann seinem Nächsten (ein Tier) leiht[J] und es bricht sich ein Glied oder stirbt, und sein Besitzer ist nicht anwesend, soll er Ersatz leisten.

Ex 22,14
Wenn sein Besitzer anwesend ist, braucht er keinen Ersatz zu leisten. Wenn er ein Tagelöhner ist, wird es auf seinen Lohn angerechnet.
A) Zu *kelîm* s. K.-M.Beyse, Art. *k^e lî (ThWAT* IV), 181.

B) Zu *'im jimmaṣe'* s. S.Dempster, Formula (*RB* 91), 199: "The verb *mṣ'* emphasizes the discovery of the criminal, who is caught with the condemning evidence in this context"; ähnlich S.Wagner, Art. *mṣ' (ThWAT* IV), 1051.

C) Zu *šlm* (Pi) als Rechtsterminus der Ersatzleistung s. D.Daube, Studies (*1947*), 132ff.; G.Gerlemann, Art. *šlm (ThHAT* II), 923f. (Lit.). Während D.Daube (a.a.O.) mit äquivalentem Naturalersatz rechnet, hat J.Milgrom (*šlm* [*JNES* 35], 271ff.) den monetären Ersatz aufgewiesen.

D) Zur Bezeichnung des Depositars als *bă'ăl hăbbăjit* bzw. akk. *bēl bītim* vgl. J.Kühlewein, Art. *bă'ăl (ThHAT* I), 328; J.C.de Moore, Art *bă'ăl (ThWAT* I), 707.

E) Zur Deutung von *krb 'ael ha^ae lohîm* auf eine Orakel- Eides- oder Ordalpraxis s. die ausführlichen Literaturangaben bei B.S.Jackson, Theft (*1972*), 237 Anm.1.- LXX, Vulgata, Targ.Jon. und rabb. Auslegungen (s. R.Cohen, Law, Bd.2 [*1966*], 413 Anm.23) haben Ex 22,10 eingetragen und Ex 22,7 auf einen Eid gedeutet; vgl. auch Lev 5,21f.

F) Zur Übersetzung von *d^e băr paešă'* mit "Eigentumsdelikt" s. die ausführliche Begründung bei R.Knierim (Hauptbegriffe [*1965*], 143-174; vgl. ders., Art. *paešă'* [*ThHAT* II], 490) gegen die seit L.Köhler (Ex 22,8

[*ZAW* 46], 213-218; vgl. auch K.Koch, Rezension [*ThLZ* 95], 655) übliche Übersetzung mit "Bestreitung".

G) Daß es hier nicht um "Hausgötter" geht, hat O.Loretz (Parallelen [*Bibl* 41], 172ff.) hinreichend deutlich gemacht; s. auch F.C.Fensham, New Light (*JBL* 78), 160f. mit Hinweis auf CE § 37.

H) Es besteht kein ausreichender Grund, den Plural *jăršî'un* mit Sam. in den Sing. zu konjezieren; s. *GK*[28] §§ 124h; 145i.

I) *'ô nišbā* ist als neben *w^e laqăḥ b^e 'alaw* in V.9 unpassender Zusatz von sprachlich spätisraelitischer Gestalt (s. *šbh* mit dem Objekt "Vieh" nur noch in 1Chr 5,21; 2Chr 14,14; von sonstiger Habe in Ob 11; 2Chr 21,17) auszuscheiden; vgl. auch V.13, wo dieses Motiv fehlt.

J) Zu *š'l* in der Bedeutung "leihen" s.G.Gerleman, Art. *š'l* (*ThHAT* II), 843.

In Ex 22,6.7aα (rek.).9a.11-13.14a liegt eine ältere Sammlung von drei Rechtssätzen zu Depositen-, Tierhütungs- und Tiermieterecht vor, die durch Ex 22,7aßb.8.9b.10.14b erweitert wurde[1]. Diese ältere Sammlung hat folgenden Wortlaut:

---

[1]) S. den exegetischen Einzelnachweis bei Verf., Rechtsbegründungen (*StudBibl* 3), 14ff.; weitergeführt in ders., Depositenrecht (*ZSS* 105), (im Druck). Zu Grundsatzproblemen einer literarkritischen und überlieferungsgeschichtlichen Analyse altisraelitischer Rechtssammlungen vgl. C.Locher, Ehre (*OBO* 70), 53.59.111f.115; L.Schwienhorst, Rezension (*ThRev* 83), 277.

I. Wenn (*kî*) ein Mann seinem Nächsten Geld oder Gerät zur Aufbewahrung gibt, und es wird aus dem Haus des Mannes gestohlen,

a. falls (*'im*) der Dieb gefunden wird, so leistet er (der Dieb) doppelten Ersatz,

b. falls (*'im*) der Dieb nicht gefunden wird, so leistet er (der Depositar) dem Eigentümer Ersatz.

II. Wenn (*kî*) ein Mann seinem Nächsten einen Esel oder ein Rind oder ein Kleinvieh oder irgendein Großvieh zur Hütung anvertraut,

a. falls (*'im*) es ihm tatsächlich gestohlen wird, so soll er es seinem Besitzer ersetzen,

b. falls (*'im*) es gerissen wird, so soll er ein Zeugnis des gerissenen Tieres bringen. Für das Gerissene leistet er keinen Ersatz.

III. Wenn (*kî*) ein Mann seinem Nächsten (ein Tier) leiht, und es bricht sich (ein Glied) oder es stirbt,

a. falls (*'im*) sein Besitzer nicht anwesend war, leistet er Ersatz,

b. falls (*'im*) sein Besitzer anwesend war, leistet er keinen Ersatz.

Diese kleine Sammlung ist aus drei Rechtssätzen mit jeweils antithetisch Fall und Gegenfall zusammenordnenden Unterfällen aufgebaut. Gemeinsam ist diesen Rechtssätzen, daß sie Fälle der Ersatzleistungspflicht von solchen der Befreiung von dieser Pflicht abgrenzen. Die jeweils in Anschlag gebrachten Tatbestände, die zu dieser Befreiung führen, zeichnen sich durch die Möglichkeit des eindeutigen Nachweises der höheren Gewalt aus. Bei Diebstahl des Depositums aus dem Hause des Depositars kann nur das Fassen des Diebes (*mṣ'* Ni) zur Befreiung von der Ersatzleistungspflicht führen. Im zweiten Rechtssatz ist durch den Kadaver des Tieres höhere Gewalt nachzuweisen. Ist das Tier gerissen worden, so ist der Hüter von der Ersatzleistungspflicht befreit.

Schon in dieser Sammlung gibt es Ansätze zu einer den einzelnen Rechtssatz übergreifenden Systematik: Im Falle, daß der Dieb des Tieres gefunden wird, dürfte nach Ex 22,6 der Hüter frei von der Ersatzleistungspflicht sein. Der Rechtssatz zur Tiermiete in Ex 22,13.14a behandelt Fälle von Verletzung und Tod des Tieres, die nicht ausdrücklich auf Wildtiere zurückgehen. In diesen Fällen befreit die Anwesenheit des Besitzers von der Ersatzleistungspflicht.
Die beiden Rechtssätze zu Tierhütung und Tiermiete regeln unterschiedliche Schadensfälle, die aber auch im jeweils anderen Rechtsbereich vorkommen können. Auch bei der Tiermiete ist Diebstahl oder Verlust des Tieres durch Wildtiere möglich, wie umgekehrt auch bei der Tierhütung Verletzung oder Tod eines Tieres aus anderen Gründen als durch ein Wildtier vorkommen können. Die Lücken der Rechtssätze schließen sich dadurch, daß sie sich gegenseitig auslegen. Im Falle des Diebstahls des gemieteten Tieres ist nach Ex 22,11 sowie Ex 22,6.7a, im Falle des Verlustes durch ein Wildtier nach Ex 22,12 und im Falle von Tod oder sonstiger Verletzung des gehüteten Tieres nach Ex 22,13.14a zu verfahren. Es zeigt sich also einerseits eine klare Strukturierung der einzelnen Rechtssätze und andererseits der Ansatz zu einer den einzelnen Rechtssatz übergreifenden Systematik gegenseitiger Auslegung der Rechtssätze.

Die Sammlung ist um eindeutige Beweisbarkeit der zur Befreiung von der Ersatzleistungspflicht führenden Gründe und also um deren Justitiabilität bemüht. Dennoch stößt sie auf Grenzen des Justitiablen, die in der Überarbeitungsschicht (Ex 22,7aßb.8.9b.10.[14b]) erfaßt werden: Soll der Dieb eines Depositums das duplum zahlen, der Depositar aber, wenn der Dieb nicht gefunden wird, nur das simplum ersetzen, so bleibt als ungeregelte Lücke der Fall, daß der Depositor den Depositar in einer Deliktsklage beschuldigt, selbst der Dieb des anvertrauten Gutes zu sein.

Die Sanktionsregelung des duplum, die dem Depositor Vorteile bringt, kann einen derartigen Vorwurf geradezu provozieren. Mit dem Zeugenbeweis als herkömmlichem Beweismittel der lokalen Gerichtsbarkeit ist dieser Fall kaum aufzuklären[1]. Durch die Einfügung von Ex 22,8 wird das Depositenrecht zum Rahmen einer grundsätzlichen, über dieses Recht hinaus gültigen Regelung kultischen Rechtsentscheids in allen, nicht mit den Mitteln des Ortsgerichts aufklärbaren Fällen von Eigentumsdelikten (*'ăl k(a)l dᵉbăr paešă'*). Ex 22,8 soll den Fall regeln, daß Aussage gegen Aussage steht. Der kultische Eid (Ex 22,10) soll dort angewandt werden, wo es keinen Zeugen gibt (*'ên ro'āē*; Ex 22,9bß).

Mit der Einfügung von Ex 22,7aßb.8.9b.10.(14b) erhält die Sammlung eine neue Systematik, die ihr Zentrum in Ex 22,8 hat. Die Querverweise verdeutlichen die den einzelnen Rechtssatz übergreifende Systematik der Sammlung Ex 22,6-14: "Alle Fälle von Eigentumsdelikten" (*'ăl k(a)l dᵉbăr paešă'*) in Ex 22,8 faßt in der Allgemeinheit und Abstraktheit der Formulierung die voranstehenden und folgenden Fälle (*gnb* V.6.7.11; *šlḥ jad bᵉ* V.7.10), wenn sie strittig sind (*k(a)l ᵃbedā ᵃšaer jo'măr kî hû' zāē*), zusammen. *'ăl šôr 'ăl ḥᵃmôr 'ăl śāē* in Ex 22,8 steht epexegetisch zu *'ăl k(a)l dᵉbăr paešă'* und wird in Ex 22,9 *ḥᵃmôr 'ô šôr 'ô śāē (wᵉk(a)l bᵉhemā)* aufgenommen. *'ăl śălmā* in Ex 22,8 weist zurück auf Ex 22,6 unter Ergänzung der Regelung für Gerät (*kelîm*) durch das Motiv der Kleidung. Ex 22,9b (*umet 'ô nišbăr*) wird in Ex 22,13 *wᵉnišbăr 'ô met*

[1]) Vgl. L.Köhler, Rechtsgemeinde (*1976*), 158f.: "Freilich, es wird Fälle gegeben haben, wo die Rechtsgemeinde mit den Mitteln des Parteienstreites, des Zeugenbeweises, der Schuldfeststellung und der Rechtsfindung nach den Regeln der Überlieferung oder des freien Ermessens nicht weiterkam. Dann blieb der letzte Ausweg, das Orakel entscheiden zu lassen, und seine Verwaltung ist das ursprüngliche Hauptgeschäft des Priesters".

šalăḥ jadô bimlae'kaet re'ehû) und somit Gottesentscheid in Ex 22,7 (*w^{e}niqrăb bă'ăl hăbbăjit 'ael ha^{ae}lohîm*) und *JHWH*-Eid (*š^{e}bu'ăt JHWH*) in Ex 22,10 parallelisiert. Diese Querverweise leiten dazu an, die Rechtssätze nicht nur topisch, den jeweiligen Fall explizierend zu interpretieren, sondern in einer die gesamte Sammlung des Depositenrechts in Ex 22,6-14 umgreifenden Systematik als Teil des Ganzen.

Ex 22,8 steht im Kontext der das Depositenrecht anvertrauter Sachgüter regelnden Bestimmungen, schließt aber in der Abstraktheit der Formulierung (*'ăl k$^{(a)}$l d^{e}băr paešă'*) die folgenden Gesetze über anvertraute Tiere mit ein, ist also über den unmittelbaren Kontext hinaus auf Ex 22,9-11 zu beziehen und regelt mit der Sanktion des duplum dort den Fall, daß der Tierhüter oder -mieter im kultischen Aufklärungsverfahren (Ex 22,10) für schuldig erklärt wurde. So kann in Ex 22,10 auf die erneute Regelung dieses Falles verzichtet und der entgegengesetzte Fall der Unschuld des Tierhüters oder -mieters und der Anspruch des Besitzers auf das verletzte oder tote Tier geregelt werden. Ex 22,9b.10 (*umet 'ô nišbăr*) wird in Ex 22,13.14a (*w^{e}nišbăr 'ô met*) weitergeführt. Ex 22,13.14a regelt den Fall, daß sich ein anvertrautes Tier verletzt oder stirbt. Der Tierbesitzer hat nur, wenn er nicht anwesend war, Anspruch auf Ersatz. Nicht erneut geregelt werden mußte der Fall, daß der Besitzer den Tierhüter oder -mieter in einer Deliktsklage beschuldigt, sich vorsätzlich an dem anvertrauten Tier vergriffen zu haben, um sich Eigentumsvorteile zu verschaffen. Ex 22,13.14a betrifft den Fall unbestrittener Verursachung des Schadens durch einen Dritten. Im Falle der Beschuldigung des Tierhüters oder -mieters durch den Besitzer, den Schaden verursacht zu haben, ist die Regelung eines kultischen Eidverfahrens (Ex 22,10a) anzuwenden. Ist der Tierhüter oder -mieter unschuldig, so ist nach Ex 22,10b zu verfahren.

Die antike Rationalität und Gelehrsamkeit in der Systematik dieser Rechtssammlung des Depositenrechts zielt nicht auf Literatur fern der Rechtspraxis, sondern hat, wie die Rekonstruktion der Systematik zeigt, ihren Zielpunkt in dieser Praxis. Für das in der Vielzahl der möglichen Konfliktfälle komplexe Depositenrecht einschließlich Tierhütung und Tiermiete sollen justitiable Entscheidungskriterien und eindeutige Regelungen zur Verfügung gestellt werden.

Die Systematik, die erfordert, den einzelnen Rechtssatz als Teil des Ganzen der Sammlung zu interpretieren, verhindert ein überproportionales Anwachsen der Zahl der Rechtssätze. Vielmehr kann durch die Überarbeitung bei konstant gebliebener Zahl von drei Rechtssätzen eine um ein Vielfaches größere Zahl an Fällen geregelt werden, als in der ursprünglichen Sammlung.

Im Grad der Systematisierung hebt sich das altisraelitische vom keilschriftlichen Depositenrecht ab. Auch das Keilschriftrecht zeigt in CE §§ 36; 37 und CH §§ 122-126 Züge strukturierender Redaktion der Rechtssätze. CE §§ 36; 37 und CH §§ 123; 124 sind unter dem Gesichtspunkt von Fall und Gegenfall zusammengestellt worden. Mit CH §§ 122; 123 sind die vertragsrechtlichen Bestimmungen, die die Übergabe des Depositums regeln und Voraussetzung für die folgenden Rechtssätze sind, vorangestellt worden. Die Grenze in der Systematisierung zeigen nicht zuletzt aber der mangelnde Ausgleich zwischen CH § 123 und CH § 124 sowie die in der Überlieferungsgeschichte begründeten Inkonsistenzen in CH § 125[1].

---

1) S. dazu Verf., Depositenrecht (*ZSS* 105), (im Druck).

Die Systematisierung des altisraelitischen Depositenrechts in Ex 22,6.7aα (rek.).9a.11-14a ist weiter vorangeschritten und geht mit der Einbindung von Tierhütungs- und Tiermietegesetzen in das Depositenrecht einher. Vor allem aber durch die Überarbeitungsschicht in Ex 22,7aßb.8.9b.10.(14b) wurde eine Systematik geschaffen, die fordert, die Rechtssätze als Teil des Ganzen der Sammlung auszulegen, und die keine Entsprechung im keilschriftlichen Depositenrecht hat. Die altisraelitische Rechtsgelehrsamkeit hat eine Fähigkeit zur Rationalisierung des Rechts ausgebildet, die im keilschriftlichen Depositenrecht so nicht erkennbar ist[1]. Über die Gründe dafür wird noch zu handeln sein.

4.2. Die Bestimmungen des Kaufs und Verkaufs in CE §§ 38-41

Auf die Rechtssätze des Depositenrechts in CE §§ 36; 37 folgen solche, die Kauf und Verkauf regeln.

Text

CE § 38: A iii 23-25; B iii 7-9

šumma ina atḫî ištēn zitta=šu ana kaspim inaddin u

aḫu=šu šamam ḫašeḫ qablīt šanîm umalla

[1]) Dies hat der Wirkungsgeschichte des Kodex Hammurapi (vgl. dazu G.Cardascia, Transmission [*RIDA* 3/7], 31-50), die bis in das römische Recht hineinragt, keinen Abbruch getan. Zum möglichen Einfluß des keilschriftlichen Depositenrechts auf römische Rechtspraxis s. R.Taubenschlag, Keilschriftrecht (*1959*), 472f.

CE § 39: A iii 25-27; B iii 10-11

šumma awīlum īniš=ma bīs=su ana kaspam ittadin

ūm šajjāmānu inaddinu bēl bītim ipaṭṭar

CE § 40: A iii 28-29; B iii 12-13

šumma awīlum wardam amtam alpam ū šīmam mala ibaššû

išām=ma nādinānam lā ukīn šū=ma šarraq

CE § 41: A iii 30-31; B iii 14-16

šumma ubārum napṭarum ū mudû šikar=šu inaddin

sābītum maḫīrat illaku šikaram inaddin=šum

Übersetzung

CE § 38

Wenn von den Mitgliedern einer Gemeinschaft/Familie[A] einer seinen Anteil verkauft und sein Bruder kaufen will, soll er die Hälfte (?)[B] des anderen voll bezahlen.

CE § 39

Wenn ein *awīlum* verarmt[C] und er sein Haus verkaufen muß, an dem Tag, an dem der Käufer kaufen will, kann der Eigentümer des Hauses es einlösen.

CE § 40

Wenn ein *awīlum* einen Sklaven, eine Sklavin, ein Rind oder irgendeine Ware[D] kauft, den Käufer aber nicht nachweist[E], ist er ein Dieb.

CE § 41

Wenn ein *ubārum*[F], ein *napṭarum*[G] oder ein *mudû*[H] sein Bier kaufen will, soll ihm die Schankwirtin[I] das Bier zum jeweiligen gültigen Kurs verkaufen.

A) Zu *atḫû/ atḫū* s. *AHw* 86b "im Plur.Genossen, Gefährten"; *CAD* A/2 493a: *ina at-ḫi-i ištēn* "one among several partners"; *CAD* Z 139: "one of the brothers".
Zur Differenz zwischen *atḫû/ atḫū* und *aḫū* s. E.Szlechter, Lois (*1954*), 92: "*aḫum* signifie ‘frère’ au sens général, par contre *atchum* se rapporte au frère qui est en communauté de biens avec d’autres frères, et correspond plus précisément au *consors* romain, c’est-à-dire au membre d’une société de tous les biens: *consortium*"; vgl. ders., Lois (*RIDA* 3/25), 135; 182f. bes. Anm.58 (Lit.) sowie E.Bouzon, Leis (*1981*), 114f.: "Tratase, pois provavelmente, dos bens de uma família, que foram divididos entre os herdeiros".

B) Eine überzeugende Deutung von *qablīt šanîm umalla* ist bislang nicht gelungen; s. dazu auch ARM I 37,34f.; CT 39, 9b; vgl. *AHw* 598b "Hälfte? voll bezahlen"; *CAD* M/1 182a: "*qablīt šanî* (var.*sanîm*) *ú-ma-la* (var.*ú-ma-al-la*) he pays for the half of the other (partner)"; *CAD* Q 6a: "(uncert. mng.): if between partners one wants to sell his share and the other wants to buy (it) *qá-ab-li* (var.-NE)*-it šanîm umalla* he may match any outsider’s offer". A.Goetze (Laws [*Sumer* 4], 63ff.) übersetzt in der editio princeps: "he shall pay half of (what) an outsider (would have to pay)"; so auch J.Klíma, Textes Juridiques (*ArOr* 17/2), 329; ders., Art. Gesetze (*RLA* III), 255a; M.San Nicolò, Bilalama (*Or* [N.S.] 18), 261; J.Bottéro, Antiquités (*AEPHE.HP* 98), 94; V.Kosošec, Keilschriftrecht (*HO* I/3), 89.

A.Goetze (Laws [*AASOR* 31], 105) hat in der editio secunda diese Übersetzung aufgegeben zugunsten von "he shall (also) pay the price for the half of the other, i.e. the (third) associate"; ähnlich E.Szlechter (Lois [*1954*], 26): "il paiera (litt.il indemnisera pour) la moitié (c'est-à-dire la part) de l'autre (frère)"; E.Bouzon, Leis (*1981*), 114f.: "ele deverá pagar a metade (?) do outro". ARM I 37, 34f.; CT 39, 9b unterstreichen dieses Verständnis. F.M.Th.de Liagre-Böhl (Wetboek [*JESHO* 11], 103) übersetzt "het gemiddelde", gefolgt von R.Yaron, (Laws [*1969*], 151) "the average".

C) īniš (G 3. m. sg. prt. enēšum) "verarmen"; s. *AHw* 217b. 218a; *CAD* E 167b; E.Bouzon, Leis (*1981*), 117: " 'tornarse socialmente fraco', daí o sentido de 'empobrecer'"; vgl. auch KAR 382 Rs 55; CT 38, 13.87.94.97 sowie Babyl. Theodizee VII 71 (W.G.Lambert, Wisdom [*1960*], 74).

D) Zu *šīmum* s. *AHw* 1240a ("Kaufpreis"/"Kaufgut"); F.R.Kraus, Edikt (*SDIO* 5), 75.

E) S. *AHw* 440a: "wenn er den Verkäufer *lā ú-ki-in* nicht nachweist"; *CAD* K 168a: "*nādinānam la ú-ki-in* he cannot establish (the identity of) the seller by witnesses".

F) Zu *ubāru(m)* s. *AHw* 1399b ("Ortsfremder"/"Beisasse"/ "Schutzbürger"); J.Friedrich, *HW* (1952), 314 ("Fremdling"/"Metöke"); so auch W.v.Soden ap.E.Neu, Gewitterritual (*StBot* 12), 76; Dort auch weitere Lit.; s. auch W.G.Lambert, Wisdom (*1960*), 259,16f.: *u-bar-ru ina āli šā-nim-ma re-e-šū* (GIR_5 URU. KÚR. RA.À M SAG. GÁ.ÀM) "a resident alien in another city is a slave"; vgl. auch G.Cardascia, Étranger (*RSJB* 9/10), 105-117; in dieser Bedeutung entspricht *ubāru(m)* dem altisraelitischen *ger*; s. A.Goetze, Laws (*AASOR* 31), 110; C.Kühne, Chronologie (*AOAT* 17), 29

Anm.128; zum *ger* s. D.Kellermann, Art. *gûr* (*ThWAT* I), 979ff. (Lit.). Die Konnotation des "Fremden" kann auch eine Privilegierung innerhalb der Gesellschaft ausdrücken; vgl. J.J.Stamm, Namensgebung (*MVÄG* 44), 264; J.J.Finkelstein, Studies (*JAOS* 90), 253.

G) Zu *napṭaru(m)* s.o. zu CE § 36.

H) Zu *mūdû(m)* s. *AHw* 666a.b ("Bekannter"); *CAD* M/2 167a ("acquaintance"); vgl. *mūdû šarri* PRU III 82,21; 85,16; 116,3.

I) Zu *sābītum* s.o. zu CE § 15.

Die Rechtssätze CE §§ 38-41 sind durch die Leitworte *nadānum* und *šamum* zusammengebunden:

A iii 23f.	/ B iii 7: (*ana kaspim) inaddin*
A iii 26	/ B iii 10: (*ana kaspam) ittadin*
A iii 27	/ B iii 11: (*ūm šaj jāmānu) inaddinu*
A iii 29	/ B iii 13: *nādinānam*
A iii 30	/ B iii 14: *inaddin*
A iii 31	/ B iii 16: *inaddin=šum*

A iii 24	/ B iii 8: *šamam (ḫašeḫ)*
[A iii 28	/ B iii 12: *šīmam*]
A iii 29	/ B iii 13: *išām=ma*

Durch das dezidiert am Anfang dieser Rechtssätze stehende *ana kaspim inaddin/ ana kaspam ittadin* ("verkaufen")[1] und das nur im Kontext von CE §§ 38-41 belegte *šamu(m)* werden diese Rechtssätze nach vorn und hinten abgegrenzt. Durch *ana kaspim inaddin/ ana kaspam ittadin* werden innerhalb von CE §§ 38-41 die Rechtssätze CE §§ 38; 39 besonders eng miteinander verknüpft, so daß zu fragen ist, ob dieser Stichwortzusammenhang einen thematischen Bezug signalisiert. Jeder Versuch, in dieser Frage voranzukommen, ist mit der Schwierigkeit des Verständnisses von CE § 38 belastet, doch kann umgekehrt auch von dem mit CE § 38 verbundenen Rechtssatz CE § 39 Licht auf die Intention von CE § 38 fallen.

CE § 39 räumt dem *awīlum*, der verarmt und seinen Grund und Boden[2] verkaufen muß, ein Rückkaufsrecht ein[3]. Dieser Rechtssatz hat eine für die Interpretation von CE §§ 38; 39 interessante Parallele in der Bestimmung Lev 25,26f.,die auf die des Verkaufsrechts des nächsten Verwandten in Lev 25,25 folgt:

Lev 25,25
Wenn dein Bruder verarmt und er verkauft von seinem Besitz, soll sein

---

1) Zum rechtshistorischen Hintergrund dieser Phrase s. M.San Nicolò/ H.Petschow, Schlußklauseln ([2]*1974*), 7f.76.

2) Zur umfassenden Bedeutung von *bitum* im Sinne von "Familienbesitz" s. *AHw* 132b sowie E.Szlechter, Lois (*1954*), 95; E.Bouzon, Leis (*1981*), 117; vgl. auch H.A.Hoffner, Art. *bajit* (*ThWAT* I), 631f.636f.

3) S. A.Goetze, Laws (*AASOR* 31), 106; J.Klíma, Kauf (*RIDA* 2), 95; R.Westbrook, Redemption (*Israel Law Rev.6*) 368f., vgl. auch S.H.Bess, Land Tenure (*Ph. D. Diss. Univers. of Michigan 1963*), 11.82; zum sozialhistorischen Hintergrund vgl. H.Klengel, Sozialökonomische Entwicklung (*1976*), 249ff.

nächster Verwandter[A] zu ihm kommen und einlösen[B], was sein Bruder verkauft hat[C].

Lev 25,26

Und ein *'îš* [D] - wenn er keinen *go'el* hat und selbst Mittel erworben hat, um es einzulösen -

Lev 25,27

soll die Jahre abrechnen seit seinem Verkauf und den Rest dem Käufer zurückzahlen und so wieder zu seinem Besitz kommen.

A) Die Reihenfolge als *go'el* in Lev 25,25 wird der Genealogie folgend (Lev 25,48f.) festgelegt; s. H.Ringgren, Art. *gā'al* (*ThWAT I*, 886); vgl. H.Pedersen, Israel 1/2 (*1964*), 84.

B) Zum *paṭārum* entsprechenden Bedeutungsspektrum von *g'l* s. H. Ringgren, Art. *gā'al* (*ThWAT* I), 885f.; vgl. M.Stol, Schulden (*1983*), 18.

C) Faktisch ist das Rückkaufsrecht ein Vorkaufsrecht des nächsten Verwandten, der, wie Jer 32,6-15 zeigt, den aufgekauften Besitz behalten kann; s. E.Neufeld, Socio- Economic Background (*RSO* 33), 77; R.Westbrook, Redemption (*Israel Law Rev.*6), 369ff. Es kommt nur darauf an, daß der Besitz innerhalb der genealogisch - familiaren Gemeinschaft bleibt. "Nicht nur die Mitglieder einer Sippe, sondern auch ihr Besitz bilden eine organische Einheit", so H.Ringgren, Art. *gā'äl* (*ThWAT* I), 886; vgl.J.Pedersen, Israel 1/2 (*1964*), 263ff. Zum sozialhistorischen Hintergrund s. R.North, Sociology (*AnBib* 4), 46ff.; E.Neufeld, Socio-Economic Background (*RSO* 33), 53ff.

D) Die Eröffnung von V.26 mit *'îš kî* ist charakteristisch für P nahestehende Überlieferungen (s. R.Kilian, Heiligkeitsgesetz [*BBB* 19], 127) und deutet auf späte Formulierung.

D.Daubes These (Studies [*1947*], 44), daß die biblischen Bestimmungen für das Lösungsrecht des Verarmten jeweils sekundäre Erweiterung der entsprechenden Regelung für die Verwandten sind, ist nicht zuletzt durch CE § 39 widerlegt; s. E.Neufeld, Socio Economic Background (*RSO* 33), 77; R.Westbrook, Redemption (*Israel Law Rev.*6), 368f. Die überlieferungsgeschichtliche Sonderung zwischen Lev 25,25 als älterer Kernüberlieferung und V.26ff. dürfte angesichts der Formulierung von V.25a in der zweiten pers. sg., die V.25a mit V.35-37.39-41.43-44a.46bß.47.53b verbindet (s. A.Cholewiński, Heiligkeitsgesetz [*AnBib* 66], 101f.) zu einfach sein; gegen R.Kilian, Heiligkeitsgesetz (*BBB* 19), 127. Hinter der auf die Jobeljahrinstitution ausgerichteten Formulierung von Lev 25,26f. dürfte noch eine ältere Überlieferungsstufe verborgen sein, ohne daß sich diese noch exegetisch aus dem vorliegenden Text herauskristallisieren ließe; s. A.-Cholewiński, a.a.O. (*AnBib* 66), 101f.

In Lev 25,25ff.und Lev 25,47ff.gehen jeweils den Bestimmungen des Selbstlösungsrechts solche der Lösung durch den nächsten Verwandten voraus, in Lev 25,25 als Bestimmung des Vorkaufsrechts des nächsten Verwandten. Dieser Zusammenhang von Rückkaufs- und Vorkaufsrecht verbindet auch CE §§ 38; 39. Kauft jemand den Anteil seines Bruders, so soll er diesem den vollen Preis zahlen[1]. Diese Bestimmung hat ihren Sinn auf dem Hintergrund eines Vorkaufsrechts des Bruders, das nicht

---

[1]) Es ist keineswegs notwendig, mit einem Dritten zu rechnen (s. dagegen R.Yaron, Laws [*1969*], 150f.), dessen Anteil voll bezahlt werden soll. *šanûm* bezieht sich auf den jeweils anderen von zwei Brüdern.

zur Drückung des Verkaufspreises mißbraucht werden soll[1]. A.Goetzes Interpretation[2] "the legislator wants a situation precluded in which one member of a partnership dominates the relationship by buying out his associates. When any partner increases his share by buying an additional share he, although paying in full, must cede proportional parts of the purchase to the other associates without receiving payment from them" ist mit der Unwahrscheinlichkeit belastet, daß ein Käufer für die Wahrnehmung des Vorkaufsrechts durch die Forderung des doppelten Preises bestraft wird[3]. Ein solcher Kauf käme wohl kaum zustande. Aber auch A.Goetzes in das andere Extrem fallende Interpretation in der editio princeps "he shall pay half of (what) an outsider (would have to pay)" impliziert, wie R.Yaron[4] mit Recht sagt, "such an arrangement would be grossly unfair to the brother who wishes to sell". CE § 38 zielt gerade darauf ab, dem Verkäufer durch ein Vorkaufsrecht, das Erbe[5] im Familienbesitz halten soll, keine Nachteile entstehen zu lassen. Der Verkäufer soll von seinem Bruder den vollen Preis erhalten.

---

[1]) Andernfalls kann das Gebot des Bruders zugunsten eines günstigeren Angebotes ausgeschlagen werden. Die Frage, ob es sich um den Verkauf von Miterbeanteilen einer ungeteilten Erbengemeinschaft handelt, mag auf sich beruhen; s.dazu M.David, Wet (*1949*), 16; H.Petschow, Rezension (*ZA* 54), 272.

[2]) S. Laws (*AASOR* 31), 108.

[3]) S. dagegen H.Petschow, Rezension (*ZA* 54), 272; R.Yaron, Laws (*1969*), 151.

[4]) S. a.a.O., 150.

[5]) Es handelt sich wohl um das den Brüdern gemeinsame Erbe, - insofern ist der Verkäufer *athum* bezogen auf das Erbe - von dem er seinen Anteil (*zitta=šu/ qablīt*) verkaufen will.

CE § 39 schließt sich ganz konsequent an: Kommt ein solcher Kauf in Wahrnehmung des Vorkaufsrechts nicht zustande, muß der Verkäufer aufgrund wirtschaftlicher Not also an einen Dritten verkaufen, so hat der Verkäufer ein Rückkaufsrecht in Form eines Vorkaufsrechts. Die durch die CE §§ 38; 39 gemeinsame Leitphrase *ana kaspim inaddin/ ana kaspam ittadin* auf der Sprachebene angezeigte Verbindung hat also auf der Inhaltsebene eine Entsprechung. CE §§ 38; 39 geht es um Regelungen, die das Recht der Familie auf Grund und Haus schützen. Aus dem gewohnheitsrechtlichen Vorkaufsrecht innerhalb der Familie soll demjenigen, der verkauft, kein Nachteil entstehen; gegenüber Dritten wird er im Falle eines Notverkaufs durch ein Rückkaufsrecht in Gestalt eines Vorkaufsrechts geschützt[1].

Die Zusammenordnung von CE §§ 38; 39 folgt der Logik der Chronologie im Alltag. CE § 39 kommt erst zum Tragen, wenn eine Regelung nach CE § 38, dem Vorkaufsrecht in der Familie, nicht zustande gekommen ist. Mit der chronologischen Anordnung, die die Reihenfolge der Zusammenstellung der Rechtssätze bestimmt, ist ein Aspekt rechtssatzübergreifender Systematik vermittelt. R.Yaron[2] hat auf eine Lücke des in CE § 39 Geregelten hingewiesen: Es werde über den Preis des Rückkaufs nicht gehandelt. Diese Lücke schließt sich, wenn das Vorkaufsrecht in CE § 39 entsprechend der Regelung in CE § 38 gehandhabt, also im Analogieschluß verfahren wird. Wie dem Verkäufer in CE § 38 durch die Wahrneh-

---

[1]) Ziel der Bestimmung ist es, das Gewohnheitsrecht gegen Ausnahmeklauseln in den Kaufverträgen zu schützen; z.B. *ul ipṭiru ul manzazanu šimu gamru* MDP XXII Nr.45; 46; 49; 50; 51 u.s.f. (zitiert bei R.Yaron, Laws [*1969*], 153 Anm.33).

[2]) A.a.O. (*1969*), 153f.

mung des Vorkaufsrechts kein Nachteil entstehen darf, so auch nicht in dem in CE § 39 geregelten Fall[1].

Behandeln die Rechtssätze CE §§ 38; 39 Sonderfälle des Verkaufs, die durch die das freie Verkaufsrecht einschränkende Institution der "Lösung" entstehen, so regeln CE §§ 40;41 spezielle Fälle unter dem Aspekt des Kaufens. CE § 40 fordert die rechtliche Sicherung des Kaufs[2]. CE § 41 bestimmt, daß *ubārum*, *napṭarum* und *mudûm* wohl als Angehörige unterprivilegierter[3] oder privilegierter Gruppen[4] in der Gesellschaft bei der Schankwirtin keinen Vor- oder Nachteil haben sollen[5].

---

1) Der von einem Dritten zu zahlende Preis ist also auch vom Rückkäufer "voll zu bezahlen".

2) S.die Anwendung dieser Forderung in IM 51.105 (A.Goetze, Letters [*Sumer* 14], 54f.[Nr.28]) und NBC 8237 (S.D.Simmons, Harmal [*JCS* 14], 28f.[Nr.60]).
S.auch CH §§ 7; 9; 10; 13; vgl. E.Szlechter, Interprétation (*RIDA* 3/17), 101ff.; R.Westbrook/C.Wilcke, Liability (*AfO* 25), 111ff. Zur Diskussion zwischen P.Koschaker (Studien [*1917*], 73ff.) und G.R.Driver/J.C.Miles (Laws, Bd.1 [²*1956*], 80ff.) s. A.Goetze, Laws (*AASOR* 31), 115f.; anders H.Petschow (Rezension [*ZA* 54], 272): "Der Zug auf den Verkäufer als Vormann kommt bei jedem möglichen Verkäufer in Betracht".

3) So A.Goetze, Laws (*AASOR* 31), 109ff.

4) S. E.Bouzon, Leis (*1981*), 120f.

5) CE § 41 will also wohl die Rechte der aus sozial schwächerem Milieu stammenden *sābītum* (vgl. CH §§ 108-111) schützen. J.J.Finkelstein (Studies [*JAOS* 90], 254) interpretiert CE § 41 als Einschränkung des Handels ("special restriction on the freedom to transact private business"), um Amt und Titel des aufgeführten Personenkreises zu schützen.

4.3. Die Bestimmungen zu Fällen von Körperverletzungen in CE §§ 42-48; 53-58 (Ḫaddad 116)

Die Bestimmungen zu Körperverletzungsfällen in CE §§ 42-47(48); 53-58 werden durch die sklavenrechtlichen Bestimmungen in CE §§ 49-52 unterbrochen und sollen zunächst unter Absehung der redaktionsgeschichtlichen Frage nach der Intention der Verbindung von CE §§ 42-48; 53-58 mit CE §§ 49-52 als Einheit analysiert werden.

Text

CE § 42: A iii 32-34; B iii 17-20
šumma awīlum appe awīlim iššuk=ma
ittakis 1 manâ kaspam išaqqal īnum 1 manâ šinnum 1/2 manâ
uznu 1/2 manâ meḫeṣ lētim 10 šiqil kaspam išaqqal

CE § 43: A iii 35-36; B iii 21-22
šumma awīlum ubān awīlim ittakis
2/3 manâ kaspam išaqqal

CE § 44: A iii 36-37; B iii 23-24
šumma awīlum awīlam ina sūqim
iskim=ma qās=su išteber 1/2 manâ kaspam išaqqal

CE § 45: A iii 38; B iii 25
šumma šēp=šu išteber 1/2 manâ kaspam išaqqal

CE § 46: A iii 39-40
šumma awīlum awīlam imḫaṣ=ma ḫa<la> =šu išteber
2/3 manâ kaspam išaqqal

CE § 47: A iii 40-41

šumma awīlum ina ṣāltim awīlam išēl 10<šiqil> kaspam išaqqal

CE § 48: A iii 42-44; B iv 1-3

u ana dīnim ištu 1/3 manâ adi 1 manâ DI.KUD.MEŠ dīnam ušaḫḫas=su=ma awāt napištim ana šarrim=ma

CE § 53: A iv 13-15; B iv 17-19

šumma alpum alpam ikkim=ma uštamīt šīm alpim balṭim u šīr alpim mītim bēl alpim kilallān izuzzū

CE § 54: A iv 15-18; B iv 20

šumma alpum nakkāpê=ma bābtum ana bēli=šu ušēdi=ma alap=šu lā ušēšir=ma awīlam ikkim=ma uštamīt bēl alpim 2/3 manâ kaspam išaqqal

CE § 55: A iv 18-19

šumma wardam ikkim=ma uštamīt 15 šiqil kaspam išaqqal

CE § 56: A iv 20-23

šumma kalbum šegi=ma bābtum ana bēli=šu ušēdi=ma kalab=šu lā iṣṣur=ma awīlam iššuk=ma uštamīt bēl kalbim 2/3 manâ kaspam išaqqal

CE § 57: A iv 23-24

šumma wardam <iššuk=ma>uštamīt 15 šiqil kaspam išaqqal

CE § 58: A iv 25-28

šumma igārum iqām=ma bābtum ana bēl igāri ušēdi=ma
igār=šu lā udannin=ma igārum imqut=ma mār awīlim
uštamīt napištum ṣimdat šarrim

Übersetzung

CE § 42

Wenn ein *awīlum* die Nase eines *awīlum* abbeißt und abtrennt, soll er eine Mine Silber zahlen. Für ein Auge soll er eine Mine, für einen Zahn eine halbe Mine, für ein Ohr eine halbe Mine, für einen Schlag auf die Wange[A] 10 Schekel Silber zahlen.

CE § 43

Wenn ein *awīlum* den Finger eines *awīlum* abtrennt, soll er 2/3 Minen Silber zahlen.

CE § 44

Wenn ein *awīlum* einen *awīlum* auf der Straße[B] fortstößt und seine Hand bricht, soll er eine halbe Mine Silber zahlen.

CE § 45

Wenn er einen Fuß bricht, soll er ein halbe Mine Silber zahlen.

CE § 46

Wenn ein *awīlum* einen *awīlum* schlägt und seinen Oberschenkel bricht[C], soll er 2/3 Minen[D] Silber zahlen.

CE § 47

Wenn ein *awīlum* im Streit einen *awīlum* verletzt[E], soll er 10<Schekel> Silber zahlen.

CE § 48

Und für einen Rechtsfall von 1/3 Mine bis zu einer Mine sollen die Richter ein Prozeßverfahren[F] gewähren. Ein Kapitalverbrechen ist (Angelegenheit) des Königs.

CE § 53

Wenn ein Ochse einen anderen Ochsen stößt und tötet, sollen die beiden Besitzer der Ochsen den Kaufpreis des lebendigen Ochsen und das Fleisch des toten Ochsen teilen.

CE § 54

Wenn ein Ochse stößig ist, und der Stadtbezirk es seinem Besitzer mitteilt, er aber seinen Ochsen nicht in Ordnung bringt[G], (der) einen *awīlum* stößt und tötet, soll der Eigentümer des Ochsen 2/3 Minen Silber bezahlen.

CE § 55

Wenn er einen Sklaven stößt und tötet, soll er 15 Schekel Silber zahlen.

CE § 56

Wenn ein Hund bissig ist, und der Stadtbezirk es seinem Eigentümer mitteilt, und er seinen Hund nicht in Ordnung bringt, und er einen *awīlum* beißt und tötet, soll der Eigentümer des Hundes 2/3 Minen Silber bezahlen.

CE § 57

Wenn er seinen Sklaven beißt[H] und tötet, soll er 15 Schekel Silber zahlen.

CE § 58

Wenn eine Wand baufällig[I] ist und der Stadtbezirk es dem Eigentümer der Wand mitteilt, und er die Wand nicht verstärkt[J], die Wand einstürzt und den Sohn eines *awīlum* tötet, ist es ein Kapitalverbrechen - königliche Verordnung[K].

Fragment Ḫaddad 116

Text

1' [x] ⌈x x x x x⌉ [x x]
2' ⌈èš⌉ [-te-b]ir$_5$ 1/2 MA-NA KÙ.BA[BBAR Ì.LÁ.E]
3' šum-ma GÌR-šu èš-te-bir$_5$
4' 1/2 MA.NA KÙ.BABBAR Ì.LÁ.E
5' šum-ma LÚ LÚ im-ḫa-aṣ-⌈ma⌉
6' ki-ir-ra-šu èš-te-bir$_5$ 2 MA.NA KÙ.BABBAR Ì.LÁ.E
7' šum-ma LÚ i-na ⌈x x⌉ ap-tim
8' LÚ iq-te-el 10 GÍN KÙ.BABBAR Ì.LÁ.E
9' šum-ma LÚ i+na ri-ìs-ba-tim
10' DUMU LÚ uš-ta-mi-it
11' 2/3 MA.NA KÙ.BABBAR Ì.LÁ.E

Übersetzung

[Wenn jemand ....] zerbricht, soll er eine halbe Mine Silber darwägen.

Wenn er seinen Fuß bricht, soll er eine halbe Mine Silber darwägen.
Wenn jemand einen anderen schlägt ⌈und⌉ sein Schlüsselbein bricht, soll er zwei[L] Minen Silber darwägen.

Wenn jemand in ... der Öffnung[M] einen anderen darniederlegt, soll er 10 Schekel Silber darwägen.

Wenn jemand in einer Schlägerei[N] den Tod des Sohnes eines *awīlum* verursacht, soll er zwei Minen Silber darwägen.

A) S. *AHw* 546a *meḫiṣ lē-tim* "Ohrfeige"; vgl. auch *CAD* M/2 61a: "a slap on the cheek".

B) Zur Lesung *ina sūqim* "auf der Straße" s. *CAD* S 70b; so auch R.Borger, *TUAT* I/1, 37.
F.M.Th.de Liagre-Böhl (Wetboek [*JESHO* 11], 104 Anm.39), B.Landsberger (Jungfräulichkeit [*FS M.David*], 101) lesen *ina eklūtim* "in der Finsternis"; vgl. auch *CAD* I/J 61a; *AHw* 195b; E.Bouzon, Leis (*1981*), 125f.: "no excuro (?)". S. dagegen J.J.Finkelstein, Studies (*JAOS* 90), 254f.: "The last sign in the line is inserted just below the previous one (which I cannot make out) and looks very much like AB, which would preclude Landsberger's reading here of .... *ek-lu-tim*... I have no alternative reading for the preserved traces in A, but they show that there are at least five signs after the alleged *i-na*".
E.Szlechter (Lois [*1954*], 28) liest *i-na ṣa-al-tim*(?) "au cours d'une 'lutte'"; s. dagegen D.Nörr, Schuldgedanke (*ZSS* 75), 9f. Anm.35; anders E.Szlechter, Lois (*RIDA* 3/25), 138: i-n [a i] k-l [u-i-tim] (B.Landsberger folgend). R.Yaron (Laws [*1969*], 42f.) liest *ina ik-ki-im* "in (bad) temper"; vgl. *CAD* I/J 59b; *AHw* 369b. A.Goetze (Laws [*AASOR* 31], 120) liest

ikribum "the meaning 'altercation' can only be guessed at from the context".

C) *ha-x-x-šu* > *ḫala=šu*; s. W.v.Soden, Neubearbeitungen (*OLZ* 53), 521; *AHw* 312b; J.Bottéro, Antiquités (*AEPHE. HP* 98), 90; vgl. auch W.v.Soden, Rezension (*BiOr* 13), 34: "Wenn in A III 39 [§ 46] wirklich das Wort *ḫašûm* 'Lunge' vorliegen sollte - als Objekt zu *šebērum* 'zerbrechen' erwartet man allerdings keinen inneren Körperteil! - so muß *ḫa-ša!-šu* gelesen werden".
ḫašûm liest *CAD* H 144a: LÚ *a-wī-lam imḫaṣma ḫa-š [a] -šu ištebir* "a man hit another, has broken his belly". s. auch B.Landsberger, Jungfräulichkeit (*FS M.David*), 101 ("das 'Brechen der Lunge' darf man nicht zu wörtlich nehmen") sowie E.Szlechter, Lois (*1954*), 29.120; ders., Lois (*RIDA* 3/25), 139.209.
F.M.Th.de Liagre-Böhl, Wetboek (*JESHO* 11), 104 Anm.41 liest *ḫa-[si-si]-šu* "sein Ohr" (als Alternative zu *ḫa-[ši]-šu*).
Statt *ḫa* <*-la-*>*šu* steht Ḥaddad 116 6' *ki-ir-ra-šu* "Schlüsselbein"; vgl. F.N.H.Al-Rawi, Assault (*Sumer* 38), 118: "from this fragment it is now possible to read the term *ha-x-x-šu* of section 46 as *ki-ir-ra-šu*". A.Goetze (Laws [*AASOR* 31], 119), R.Yaron (Laws [*1969*], 44), E.Bouzon (Leis [*1981*], 126f.) und R.Borger (*TUAT* I/1, 37) halten eine Rekonstruktion von A iii 39 für nicht möglich.

D) So die überwiegende Mehrzahl der Bearbeitungen dieses Textes; s. zuletzt E.Bouzon, Leis (*1981*), 127; R.Borger, *TUAT* I/1, 37; anders J.C.Miles/O.R.Gurney, (Laws [*ArOr* 17/2], 186) und J.Bottéro (Antiquités [*AEPHE. HP* 98], 94), die "1/3 Mine" lesen.

E) LÚ *i-na xx [x] l-tim* > LÚ *i-na* ⌈*ṣa-*⌉ *[a]l-tim* mit B.Landsberger, Jungfräulichkeit (*FS M.David*), 101; in der Sache entsprechend E.Szlechter, Lois (*1954*), 29; ders., Lois (*RIDA* 3/25), 140; vgl. dazu CH § 18r.5; *AHw* 988b.

Eine Konjektur aufgrund von Ḥaddad 116 7' (so F.N.H.Al-Rawi, Assault [*Sumer* 38], 118: *ši-gi-èš-tim*) ist mit der Unsicherheit dieser Lesung in Ḥaddad 116 belastet; *x x* = *ar/* 2.*x* kein *gi* (Mitteilung von Frau Dr.G.Mauer).

F) A iii 42-44: *ù a-na di-[n]im iš-tu* 2/3 MA-NA *a-di* 1 ⌈MA-NA⌉ / Ì-[LÁ-E] *di-nam ú-ša-ḫa-zu [-m]a [/a-wa-at na-pí-iš [-tim]/* B IV 1-3] MA-NA *a-di* 1 MA-NA/ *ú-ša-ḫa-zu-šu-ma/ na] -pí-* ⌈*iš*⌉ *-tim a-na* LUGAL-*ma.* B.Landsberger (Jungfräulichkeit [*FS M.David*], 101) und *CAD* D 29 ergänzen in A iii 42 *ša* KÙ.BABBAR. J.C.Miles/O.R.Gurney (Laws [*ArOr* 17/2], 187) und E.Szlechter (Lois [*1954*], 29; anders ders., Lois [*RIDA* 3/25], 140.198f. [B.Landsberger folgend]) fügen stattdessen in A iii 42 DI.KUD.MEŠ ein. A.Goetze (Laws [*AASOR* 31], 119) schätzt den für die Rekonstruktion zur Verfügung stehenden Raum vorsichtiger ab: *ù a-na xxx ištu 1/3 ma-na* "and in addition (??) (in cases of assault involving penalties) from 1/3 of a mina".

B.Landsberger (a.a.O.) ergänzt in A iii 43 ein DI.KUD. MEŠ= *dajjānē*; s. auch *CAD* D 29: *ana dinim ša kaspim ša ištu* 1/3 MA.NA ⌈DI.KU$_5$.MEŠ⌉ [LÚ] *dī-nam ú-ša-ḫa-zu-[š] u- [ma]* "the judge will judge him in a case (that implies a penalty of) from one-third to one mina of silver... restored from Tablet B, photograph". Der Platz dürfte für diese Lesung kaum ausreichen. A.Goetze, (Laws [*AASOR* 31], 119) liest in A iii 43 vorsichtiger *awīlam*; so auch *CAD* A/1 178a.

G) So mit W.v.Soden, Rezension (*BiOr* 13), 34; A iv 16 liest *lā ú-ši-ir-ma*; s. W.v.Soden, (Beiträge [*ArOr* 17/2], 373; ders., Neubearbeitungen [*OLZ* 53], 522), E.Szlechter (Lois [*1954*], 32.121; ders., Lois [*RIDA* 3/25], 144; 210); B.Landsberger (Jungfräulichkeit [*FS M.David*], 102) gegen A.Goetze (Laws [*AASOR* 31],132): GUD-*šu la pa-ši-ir-ma* "but he does not have his ox de-horned(?)". Mit W.v.Soden (Rezension [*BiOr* 13], 34) und J.J.Finkelstein (Sex Offenses [*JAOS* 86], 364 Anm.30; ders., Ox [*TAPhS* 71], 20 Anm.1) dürfte *ú-ši-ir-ma* in *ú-<še>-ši-ir-ma* zu konjezieren sein "(wenn er ... das stößige Rind) nicht in Ordnung bringt" (*ešērum* Š 3. m. sg. prt.); E.Bouzon (Leis [*1981*], 140f.) will *u-šir-ma* aufgrund von CH § 251 (*ú-šar-ri-im*) mit *šarāmu(m)* (vgl. dazu *AHw* 1184b.1185a; G.Dossin, Passages [*RA* 31], 92; U.Sick, Tötung [*Diss. iur. Tübingen 1984*], 123f. [Lit.]) in Verbindung bringen.

H) Statt *ikkim=ma* (Schreiberirrtum aus CE § 55; s. A.Goetze, Laws [*AASOR* 31], 133) ist *iššuk=ma* zu lesen; s. zuletzt E.Bouzon, Leis (*1981*), 143.

I) Zu *iqām=ma* vgl. *AHw* 899a; *CAD* Q 98a, "*i-qa-am(var.-ap)-ma...* in similar, broken context *[i]-qa-ap-ma* K.15046:3 (copy of OB laws) in Bezold Cat. Supp. 152". Vgl.dazu auch W.v.Soden, Beiträge (*ArOr* 17/2), 373.

J) Zu *udannin=ma* vgl. *CAD* D 84b "reinforce"; E.Bouzon, Leis (*1981*), 144.

K) Zu *ṣimdat šarrim* s. *CAD* S 195b; *AHw* 1102a; zur Diskussion dieser Phrase s. u.a. J.G.Lautner, Personenmiete (*1936*), 177ff.; B.Landsberger, Termini (*FS P.Koschaker*), 219ff.; G.R.Driver/J.C.Miles, Laws, Bd.1 ([2]*1956*), 17ff.; F.R.Kraus, Edikt (*SDIO* 5), 194f.; ders., Akkadische Wörter

XII (*RA* 73), 74ff.; ders., Verfügungen (*SDIO* 11), 8ff.; M.de J.Ellis, *ṣimdatu* (*JCS* 24), 74-82.

L) *2* ist möglicherweise in *1/3* zu emendieren.

M) *x x* = *ar* KASKAL. Auf keinen Fall ist das zweite x ein *gi*.

N) Zu *risbatum* "Schlägerei" s. *AHw* 988b; vgl. auch CH § 206.

Die Rechtssätze in CE §§ 42-47; 53-57 bilden ihre Protasen jeweils mit Verben des Verletzens, die im Kodex Ešnunna nur in diesen Rechtssätzen belegt sind und sie zu einer geschlossenen, nach vorn und hinten abgegrenzten Sammlung zusammenbinden[1]. Die Verteilung dieser Verben läßt darüber hinaus innerhalb von CE §§ 42-47; 53-57 thematische Gruppierungen erkennen:

našākum	A iii	32 (CE § 42); A iv 22 (CE § 56)
	A iv	24 (CE § 57)
nakāsum	A iii	32/ B iii 17 (CE § 42); A iii 35/ B iii 21 (CE § 43)
šebērum	A iii	37 (CE § 44); A iii 38 (CE § 45);
	A iii	39 (CE § 46)
nakābum	A iv	13 (CE § 53); A iv 17 (CE § 54); A iv 18 (CE § 55)

---

maḫāṣum	A iii	39 (CE § 46)
šêlum	A iii	41 (CE § 47)

---

[1]) Darin hat CE §§ 42-47; 53-57 eine Parallele zu der altisraelitischen Sammlung der Rechtssätze der Körperverletzungsfälle in Ex 21,18-32, deren Protasen durch Verben des Schlagens und Stoßens verbunden sind.

Die Verteilung dieser Verben ergibt also folgende thematische Einheiten innerhalb von CE §§ 42-27; 53-57:

našākum CE § 42
    nakāsum CE § 42
    nakāsum CE § 43

    šebērum CE § 44
    šebērum CE § 45
    šebērum CE § 46
        šelum CE § 47
    nakābum CE § 53
    nakābum CE § 54
    nakābum CE § 55
našākum CE § 56
našākum CE § 57

In CE § 42 ist das Nebeneinander von *našākum* und *nakāsum* auffällig. Inhaltliche Differenzierung wird durch diese Doppelung nicht erreicht, ist doch *našākum* nur Spezialfall von *nakāsum*. Die Doppelung ist also eher kompositorisch - redaktionell begründet. *našākum* schlägt einen die gesamte Sammlung umfassenden Bogen mit den ebenfalls die Protasen mit *našākum* bildenden, die Sammlung abschließenden Rechtssätzen in CE §§ 56; 57. Dieser durch die Leitwortanknüpfung von CE § 56; 57 an CE § 42 geschaffene Rahmen umgreift drei jeweils ebenfalls durch Leitworte miteinander verknüpfte Gruppen von Rechtssätzen: Neben *našāku(m)* steht in der Protasis von CE § 42 das Verb *nakāsu(m)*, das CE § 42 mit CE § 43 verknüpft. Weitere Gruppen werden in CE §§ 44-46 durch das

Leitwort *šebēru(m)* und in CE §§ 53-55 durch *nakābu(m)* als Leitwort gebildet.

4.3.1. CE §§ 42-48

Der Rechtssatz CE § 42 ist in seiner Überlieferungsgeschichte erweitert worden. Darauf weist die Doppelung *iššuk=ma/ ittakis* in der Protasis. In der Apodosis ist die Doppelung von *kaspam išaqqal* auffällig. Dem entspricht, daß *īnum, šinnum, meḫeṣ lētim* nicht zu *iššuk=ma/ ittakis* passen[1]. *īnum 1 manâ šinnum 1/2 manâ uznu 1/2 manâ meḫeṣ lētim 10 šiqil kaspam išaqqal* ist überlieferungsgeschichtlich sekundäre Anfügung an den ursprünglichen, mit *1 manâ kaspam išaqqal* endenden Rechtssatz. Schließlich ist die Doppelung synonymer Verben (*iššuk=ma/ ittakis*) in der Protasis von CE § 42 redaktionell - kompositorisch begründet.
In der ursprünglichen Fassung waren CE §§ 42; 43 zwei streng parallel aufgebaute Rechtssätze:

šumma awīlum appe awīlim ittakis
1 manâ kaspam išaqqal
šumma awīlum ubān awīlim ittakis
2/3 manâ kaspam išaqqal

"Wenn ein *awīlum* die Nase eines *awīlum* abtrennt, soll er 1 Mine Silber zahlen.

---

1) J.Bottéro (Antiquités [*AEPHE. HP* 98], 94.99) trennt deshalb einen Rechtssatz CE § 42(a) von CE § 42 ab.

Wenn ein *awīlum* den Finger eines *awīlum* abtrennt, soll er 2/3 Minen Silber zahlen"

Die Rechtssatzgruppe in CE §§ 44-46 bildet eine geschlossen strukturierte Einheit. In CE § 44 und CE § 46 ist die Protasis jeweils mit einem Verb des Schlagens und Stoßens (*iskim=ma/imḫaṣ=ma*) gebildet. CE § 45 ist auf CE § 44 bezogen formuliert. Das Verb *išteber* und das Suffix in *šēp=šu* in der Protasis von CE § 45 setzen das Subjekt der Protasis von CE § 44 voraus.

Als Zusammenfassung der Apodosen von CE §§ 42*; 43; 44-46 ist CE § 48 angefügt. Die angeführten Ersatzleistungen werden der lokalen Richterjudikatur zugewiesen und von Kapitaldelikten abgegrenzt. Aus der Struktur dieser Rechtssätze fällt CE § 47 heraus. Das Verb *šêlum* in der Protasis wird von keinem der anderen Rechtssätze aufgenommen. Wie in der überlieferungsgeschichtlichen Erweiterung von CE § 42 wird mit der nur hier und in CE § 47 belegten Sanktion *10 šiqil kaspam išaqqal* ein Bagatellfall eingefügt, der, und das ist von besonderem Gewicht, auch unterhalb des durch CE § 48 gesetzten Rahmens der lokalen Richterjudikatur von 1/3 bis 1 Mine Silber bleibt. Die Erweiterung von CE § 42 und der Rechtssatz CE § 47 wurden nach der prozeßrechtlichen Zusammenfassung der Apodosen von CE §§ 42*;43-46 durch CE § 48 in diesen Kontext eingefügt. Die Stellung von CE § 48 als Abschluß der Körperverletzungsfälle eines *awīlum* vor der Sammlung CE §§ 53-55; (56; 57) und der mangelnde Ausgleich mit den sklavenrechtlichen Ersatzleistungsbestimmungen in CE §§ 55; 57 (*15 šiqil kaspam išaqqal*) zeigen, daß CE § 48 die Rechtssatzgruppe CE §§ 42*-46 abgeschlossen hat, ehe diese mit CE §§ 53-57 verbunden wurde.

Die jeweils eine Einheit bildenden Rechtssätze in CE §§ 42*; 43 und CE §§ 44-46 wurden auf einer ersten Überlieferungsstufe der Sammlung der Rechtssätze zu Körperverletzungsfällen zusammengefügt und durch die prozeßrechtliche Bestimmung in CE § 48 abgeschlossen. Auf einer zweiten Überlieferungsstufe wurde CE § 42 erweitert und CE § 47 eingefügt. Die Einfügung von *īnum 1 manâ šinnum 1/2 manâ uznu 1/2 manâ* in CE § 42 vergrößert den Wirkungsbereich des Rechtssatzes. Die Regelungen bei Verletzungen der Kopforgane werden gegeneinander abgegrenzt, so daß einem einfachen Analogieschluß gewehrt wird. Dabei wird die ursprüngliche Ordnung der Rechtssätze in CE §§ 42*; 43, die eine bleibende Verletzung des Kopfes (CE § 42*) mit der Abtrennung eines Fingers (CE § 43) zusammenstellen, gewahrt, so daß sich die Ergänzungen in CE § 42 nur auf Organe des Kopfes beziehen. Eine weitere Auffüllung von CE § 43 erübrigt sich durch die Zusammenbindung von CE §§ 42; 43 mit CE §§ 44-46, da in diesen Rechtssätzen von Hand, Fuß und Oberschenkel gehandelt wird. Mit der Einfügung von *meḫeṣ lētim 10 šiqil kaspam išaqqal* in CE § 42fin. und *šumma awīlum ina ṣāltim awīlam išēl 10<šiqil> kaspam išaqqal* (CE § 47) wird der Bereich des Geregelten auch auf Bagatellfälle ausgedehnt[1]. Regeln die Rechtssätze in CE §§ 42; 43 Fälle bleibender Körperschäden und in CE §§ 44-46 Fälle schwerer Körperverletzungen, die mit langen Heilungsprozessen verbunden sind, so handelt es sich in CE § 42fin. um den Fall einer Ohrfeige, in CE § 47 um die leichte Verletzung der Hautabschürfung[2]. Damit verbunden ist eine Erweiterung der Funktion dieser Rechtssatzreihe. Haben die ursprünglichen Rechtssätze ihr Ziel darin, Konfliktregelung in Fällen bleibender oder

---

[1]) Wie sehr die Überlieferung im Fluß war, zeigt auch das Fragment Ḥaddad 116.

[2]) So B.Landsberger, Jungfräulichkeit (*FS M.David*), 101.

langfristiger Körperverletzung durch Schadensersatz zu leisten, so geht es in den Bagatellfällen auch darum, körperliche Angriffe durch Sanktionsandrohung zu verhindern, auch wenn keine Verletzung entsteht (*meḫeṣ lētim*), und also das gewalttätige Austragen von Streit (*ina ṣāltim*) überhaupt zu unterbinden.

4.3.2. CE §§ 53-58

Die Rechtssätze CE §§ 53-58 werden durch verbindende und trennende Motive in Protasen und Apodosen zu einer Struktur verknüpft:

Strukturelement A: Subjekt/Verb: das stoßende Rind/ der beißende Hund

CE § 53	A^1: *alpum*	*ikkim=ma*
CE § 54	A^1: *alpum*	*ikkim=ma*
CE § 55	A^1: (-)	*ikkim=ma*
CE § 56	A^2: *kalbum*	*iššuk=ma*
CE § 57	A^2: (-)	*iššuk=ma*

Strukturelement B: Objekt zu A

CE § 53	B^1: *alpum*
CE § 54	B^2: *awīlum*
CE § 55	B^3: *wardum*
CE § 56	B^2: *awīlum*
CE § 57	B^3: *wardum*

Strukturelement C: Folge

CE § 53	C: *uštamīt*
CE § 54	C: *uštamīt*

CE § 55	C: *uštamīt*	
CE § 56	C: *uštamīt*	
CE § 57	C: *uštamīt*	
CE § 58	C: *uštamīt*	

Strukturelement D: Verantwortung des Besitzers

CE § 53	D:	-
CE § 54	D:	*bābtum ana bēli=šu ušēdi=ma* *alap=šu lā ušēšir=ma*
CE § 55	D:	-
CE § 56	D:	*bābtum ana bēli=šu ušēdi=ma* *kalab=šu lā iṣṣur=ma*
CE § 57	D:	-
CE § 58	D:	*bābtum ana bēl igāri ušēdi=ma* *igār=šu lā udannin=ma*

Strukturelement E: Rechtsfolge

CE § 53	E^1:	*šīm alpim balṭim u šīr alpim mītim* *bēl alpim kilallān izuzzū*
CE § 54	E^2:	*bēl alpim 2/3 manâ kaspam išaqqal*
CE § 55	E^3:	*15 šiqil kaspam išaqqal*
CE § 56	E^2:	*bēl kalbim 2/3 manâ kaspam išaqqal*
CE § 57	E^3:	*15 šiqil kaspam išaqqal*

Im Überblick ergibt sich also folgende Struktur für CE §§ 53-58. Alternierende Strukturelemente sind durch die Abfolge der Zeichen x/+ herausgehoben:

Best. zu Körperverletzungen (CE §§ 42-48; 53-58)

	53	54	55	56	57	58
A^1	X	X	X			–
A^2				X	X	–
B^1	X					–
B^2		X	+	X	+	–
B^3		+	X	+	X	
C	X	X	X	X	X	X
D	–	X	X	X	X	X
E^1	X					–
E^2		X	+	X	+	–
E^3			X	+	X	–

CE § 58 ist kein konstituierender Bestandteil dieser Rechtssatzgruppe und allein aufgrund der Parallelität in den Strukturelementen C und D in diesen Zusammenhang eingebracht worden. Als Todesrechtsbestimmung fällt CE § 58 aus dem Zusammenhang der ersatzrechtlichen Regelungen in CE §§ 53-57 heraus. Intention der Anbindung von CE § 58 an die vorangehenden Rechtssätze ist es, den Fall der fahrlässigen Tötung durch eine einstürzende Mauer von den ersatzrechtlichen Regelungen abzugrenzen und eine ersatzrechtliche Regelung im Analogieschluß in diesem Falle zu unterbinden[1].

Innerhalb von CE §§ 53-57 hat auch CE § 53 eine Sonderstellung. CE § 53 unterscheidet sich im Strukturelement B (*alpum* als Objekt [B^1]) von den folgenden Rechtssätzen CE §§ 54-57, die im Objekt zwischen *awīlum* (B^2) und *wardum* (B^3) alternieren. Damit verbunden ist die Sonderstellung von CE § 53 im Strukturelement E^1 (*šīm alpim balṭim u šīr alpim mītim bēl alpim kilallān izuzzū*), das auf Schadensteilung zielend unterschieden ist von den alternierenden Ersatzforderungen in CE §§ 54-57 von 2/3 Minen Silber (E^2) bezogen auf den *awīlum* im Strukturelement E^2 und 15 Schekel Silber bezogen auf den *wardum* im Strukturelement B^3. Geht es in CE § 53 nicht um eine Ersatzleistungspflicht des Besitzers des stößigen Ochsen, sondern um eine Schadens- und damit Risikoteilung[2], so ist darin begründet, daß das Motiv der Unterrichtung des Besitzers durch den Stadtbezirk oder den Großfamilienverband[3] (D) und also die Frage der

---

[1]) Aufgrund königlicher Verfügung (*ṣimdat šarrim*) und Rechtsreform (vgl. dazu F.R.Kraus, Verfügungen [*SDIO* 11], 8ff.) wird dieser Fall als todesrechtlich zu sanktionierender (*napištum*; vgl. dazu E.Szlechter, Peine [*FS E.Betti*], 176ff.) von der ersatzrechtlichen Regelung ausgenommen. D.Nörr (Schuldgedanke [*ZSS* 75], 12f.) erklärt einem Vorschlag von M.David (Wet [*1949*], 27) folgend die Differenz zwischen CE §§ 54; 56 und CE § 58 damit, daß "in § 54 unmittelbar ein Lebewesen mit eigenem 'Willen' den Tod des Opfers verursacht hat, unabhängig vom Willen des Eigentümers". Dagegen rechnet A.Goetze (Laws [*AASOR* 31], 140) damit, daß in CE § 58 der Schaden eher als in CE § 54 voraussehbar und die Schuld also größer sei. Weitere Deutungen s. R.Yaron, Laws (*1969*), 199ff.; ders., Goring Ox (*1971*), 59f.

[2]) S. J.J.Finkelstein, Sovereignty (*Temple Law Quat.*46), 256ff.

[3]) S. dazu C.Locher, Ehre (*OBO* 70), 300ff.

Verantwortlichkeit des Tierhalters keine Funktion hat und entsprechend das Strukturelement D fehlen kann. Durch das Strukturelement A fest in den Kontext eingebunden gewinnt CE § 53 seinen spezifischen Gehalt auf dem Hintergrund der Struktur von CE § 54-57. Der Fall eines durch ein stößiges Rind getöteten Rindes wird abgegrenzt von den ersatzrechtlichen Lösungen in CE §§ 54-57. Statt einer Ersatzforderung des Geschädigten an den *bēl alpim* im Analogieschluß sollen die beiden Betroffenen sich den Schaden teilen. Mit CE § 53; 58 rahmen zwei Sonderbestimmungen, die nicht im Analogieschluß gelöst werden sollen, die ersatzrechtliche Kernüberlieferung in CE §§ 54-57. In zwei jeweils parallel aufgebauten Fällen des stößigen Rindes (A^1) und bissigen Hundes (A^2) werden Recht des *awīlum* (B^2) in CE §§ 54/56 und *wardum* (B^3) in CE §§ 55/57 in den Rechtsfolgen (E^2: *2/3 manâ kaspam išaqqal*/ E^3: *15 šiqil kaspam išaqqal*) voneinander abgegrenzt.

Die Abgrenzung des Sklavenrechts führt zu einer alternierenden Anordnung von Rechtssätzen, die den *awīlum* und den *wardum* betreffen. Ist die Anordnung der Rechtssätze innerhalb der Gruppe der Fälle des stößigen Rindes in CE §§ 54; 55 und des bissigen Hundes in CE §§ 56; 57 unter dem Gesichtspunkt der Abgrenzung gestaltet, um einem Analogieschluß zwischen Recht des Freien und Sklavenrecht zu wehren, so will die Zusammenstellung der in Protasis und Apodosis jeweils parallel gestalteten Rechtssatzgruppen in CE §§ 54; 55 und CE §§ 56; 57 umgekehrt gerade zum Analogieschluß anhalten. Der Redaktor will in diesem Falle dazu anleiten, daß die Schadensfälle durch einen bissigen Hund in Analogie zu denen durch einen stößigen Ochsen verursachten Fälle geregelt werden sollen. In der Redaktionsstruktur wird die rechtsdidaktische Funktion dieser Zusammenstellung von Rechtssätzen deutlich. Sie wollen zu "legitimen" Analogieschlüssen anleiten, wozu auch gehört, die

Fälle aufzulisten, die gerade nicht im Analogieschluß gelöst und also voneinander abgegrenzt werden sollen.

Die Struktur von CE §§ 53-58 deutet auf folgenden Entstehungsprozeß der Sammlung: Überlieferungsgeschichtlicher Kern der Rechtssätze CE §§ 53-58 ist eine Reihe von ersatzrechtlichen Bestimmungen in CE §§ 54-57[1], die die alternierend im A-B-Schema angeordneten Ersatzregelungen für den *awīlum* von denen für den *wardum* abgrenzen[2]. Dieser Kern ist redaktionell gerahmt durch Bestimmungen in CE §§ 53; 58, die Sonderfälle von einer ersatzrechtlichen Regelung abgrenzen. Durch diese redaktionelle Zusammenordnung entsteht auch eine Abfolge zunehmender Härte der Rechtsfolgen in den Apodosen, die von Teilung des Schadens über den vollen Ersatz bis zur Todesstrafe reicht[3]. Bei der Verbindung von CE §§ 42-48 mit CE §§ 53-58 wurde durch die Einfügung von *našākum* ein Bogen der Anknüpfung zwischen CE § 42 und CE § 56; 57 hergestellt, der die Sammlung redaktionell rahmt. Das deutet darauf hin, daß die Rechtssätze CE §§ 42-48; 53-58 eine selbständige Sammlung von Körperverletzungsfällen mit und ohne Todesfolge bildeten, die vor

---

[1]) Vgl. dazu I.Cardellini, "Sklaven"-Gesetze (*BBB* 55), 50 ("rechtlich gesehen ...Kern der Vorschriften").

[2]) Wenn J.J.Finkelstein (Ox [*TAPhS* 71], 23) CE §§ 54; 55 als Einheit eines Rechtssatzes faßt, "since the only distinction between them (sc.CE §§ 54; 55) concerns the status of the victim, a detail which affects only the amount of compensation to be assessed", so wird die Bedeutung dieser Differenz zu gering veranschlagt.

[3]) Dagegen erscheint mir die These von J.J.Finkelstein (Ox [*TAPhS* 71], 22), der Redaktor habe in der Abfolge vom stößigen Ochsen über den bissigen Hund bis zur brüchigen Mauer "a series of situations of increasing gravity" konstruieren wollen, etwas gezwungen. Daß die Bissigkeit eines Hundes vorhersehbarer sei als die Stößigkeit eines Rindes, läßt die Redaktion der Rechtssätze m.E. kaum erkennen.

ihrer Aufnahme in den Kodex Ešnunna eine komplexe Überlieferungsgeschichte durchlaufen hat.

Die Interpretation der Sprachstruktur dieser kleinen Sammlung zeigt den hohen Grad der Systematik ihrer Redaktion. R.Yaron[1] hat aus dem Fehlen einer Regelung des Falles der Tötung eines Rindes durch ein stößiges Rind, wobei der Besitzer von der Gefährlichkeit des Tieres gewußt habe[2], wie aus dem Fehlen eines Rechtssatzes, der die Tötung eines Menschen durch ein Rind, dessen Besitzer nicht von der Gefährlichkeit des Tieres gewußt habe[3], auf die Unvollständigkeit des in CE §§ 53-58 Geregelten geschlossen. Auf dem Hintergrund der Strukturanalyse von CE §§ 53-58 ist diese Einschätzung wohl nicht haltbar. Fehlt in CE § 53 im Gegensatz zu CE §§ 54-58 das Strukturelement D, die Unterrichtung des Tierbesitzers durch die Behörden, so ist darin Absicht des Redaktors zu vermuten. Im Falle der Tötung eines Rindes durch ein Rind ist es unerheblich, ob der Besitzer von der Stößigkeit des Tieres gewußt hat. Aus dem vorliegenden Wortlaut kann nicht geschlossen werden, daß der Fall intendiert sei, daß der Besitzer von der Gefährlichkeit seines Tieres nichts gewußt habe. Dieser Aspekt wird im Gegensatz zu CE §§ 54-58 nicht aufgenommen. Daraus ist zu schließen, daß in *jedem* Falle, unabhängig von der Verantwortung des Besitzers des stößigen Tieres, die Besitzer der beteiligten Tiere je eine Hälfte des Schadens tragen. Daraus ergeben sich auch Aspekte für den zweiten von R.Yaron als ungeregelt betrachteten Fall. Wenn in CE §§ 54; 55/56; 57 das Strukturelement D aufgenommen ist, so

---

[1]) S. Laws (*1969*), 196ff.; ders., Goring Ox (*1971*), 55.

[2]) Vgl. Ex 21,36.

[3]) Vgl. CH § 250; Ex 21,28.

ist damit geregelt, daß eine Ersatzleistungspflicht unter der Voraussetzung besteht, daß der Besitzer des stößigen Rindes von der Gefährlichkeit des Tieres offiziell unterrichtet worden war[1]. Ist dies nicht geschehen, war der Besitzer des Tieres also unter justitiablem Gesichtspunkt ahnungslos, so besteht keine Ersatzleistungspflicht. Die Regelungen in CE §§ 53-58 sind also keineswegs lückenhaft.

Der Antwort bedarf aber die Frage, warum im Gegensatz zum Kodex Ešnunna in CH § 250 die Befreiung von der Ersatzleistungspflicht, die bereits mit CH § 251 implizit gesetzt ist, explizit gemacht wird.

Text

CH § 250 (Rs XXI 44-51)

šumma alpum sūqam ina alāki=šu awīlam ikkip=ma uštamīt
dīnum šū rugummâm ul īšu

CH § 251 (Rs XXI 52-65)

šumma alap awīlim nakkāpî=ma kīma nakkāpû=ma
bābta=šu ušēdi=šum=ma qarni=šu lā
ušarrim alap=šu lā usanniq=ma alpum šū mār awīlim ikkip=ma uštamīt
1/2 manâ kaspam inaddin

CH § 252 (Rs XXI 66-68)

[šumm]a warad awīlim
<1/3> manâ kaspam inaddin

---

[1]) S. dazu S.E.Loewenstamm (Review [*AOAT* 204], 386): "The absence of the liability of the owner of the first gorer in *LE* derives from the fact that the law makes the punishment of the ox's owner dependant on forewarning".

Übersetzung

CH § 250

Wenn ein Rind, während es auf der Straße geht[A], einen *awīlum* stößt und tötet, hat dieser Rechtsfall keinen (Klage-)Anspruch.

CH § 251

Wenn das Rind eines *awīlum* stößig ist, und, daß es stößig ist, sein Stadtbezirk ihm mitteilt, er aber seine Hörner nicht kappt[B] und sein Rind nicht bewacht[C], dieses Rind dann den Sohn eines *awīlum* stößt und tötet, soll er 1/2 Mine Silber zahlen.

CH § 252

Wenn es sich um den Sklaven eines *awīlum* handelt, soll er <1/3> Minen[D] Silber zahlen.

A) Zur Konstruktion s. G.R.Driver/J.C.Miles, Laws, Bd.2 (*1955*), 263.

B) Zu *šarāmu(m)* s. *AHw* 1185a ("Hörner kappen"); s. auch die Zusammenfassung der Diskussion bei U.Sick, Tötung (*Diss. iur. Tübingen 1984*), 123f. (Lit.).

C) Zu *sanāqu(m)* s. *AHw* 1021; dazu vgl. A.Finet (Code [^{2}*1983*], 124): "De la racine *snq*, 'serrer', peut dériver le sens d''enfermer, attacher'; il s'en dégage aussi la signification de 'contrôler, inspecter', courante dans les documents de Mari, comme l'a signalé W.von Soden (*ARM* XV, 254). Les rapprochements indiqués par M.Held, *JCS* 15, 17-18, font préférer une traduction plus large comme 'surveiller, avoir l'oeil sur'".

D) Zu den Tarifen und den Problemen der geringen Differenz in der geforderten Ersatzleistung zwischen CH § 251 und CH § 252 s. I.Cardellini, "Sklaven"-Gesetze (*BBB* 55), 74 ("der knappe Unterschied in der Höhe der Geldbuße für Freie und Sklaven [bleibt] unverständlich").

In CH §§ 250-252 wird ein Fall der Nichtverantwortlichkeit des Tierhalters und die daraus resultierende Befreiung von der Ersatzleistung (CH § 250) von einem Fall der Verantwortlichkeit und Ersatzleistungspflicht abgegrenzt. Kriterien sind die offizielle Unterrichtung und Maßnahmen des Tierhalters zur Verhinderung eines Angriffs des Tieres. CH § 252 grenzt die Rechtsfolge bei Tod eines *mār awīlum* von der bei Tod eines *wardum* ab. Die Rechtssatzgruppe CH §§ 250-252 impliziert einen den einzelnen Rechtssatz überschreitenden Zusammenhang insofern, als die Protasis von CH § 252 auf CH § 251 Bezug nimmt und nur unter Rückgriff auf CH § 251 zu interpretieren ist. CH § 252 gilt also für den Fall der Verantwortlichkeit des Tierhalters. Im Falle seiner Nichtverantwortlichkeit ist im Analogieschluß CH § 250 entsprechend zu verfahren und die Befreiung von der Ersatzleistungspficht gegeben.

Die über das Strukturelement D in CE § 54 hinausgehenden Erweiterungen in CH § 251 machen das spezifische Interesse dieser Fassung des Rechtssatzes deutlich. Nach CE § 54 reicht die nachweisliche Unterrichtung des Tierhalters von der Gefährlichkeit des Tieres, um seine Verantwortlichkeit und also eine Ersatzleistungspflicht zu begründen. Die zu ergreifenden Schutzmaßnahmen (*ušēšir=ma*) werden nicht spezifiziert. In CE § 56 reicht die Bewachung (*iṣṣur=ma*) des Tieres aus, wobei die strikte Erfolgshaftung im Vordergrund steht. Ist der Tierhalter nicht unterrichtet worden, so entfällt die Ersatzleistungspflicht. In CH § 251 wird an das Motiv der Benachrichtigung über CE §§ 54; 56 hinaus als daraus resultierende Maßnahme das Kappen der Hörner angefügt. Diese Erweiterung dient einem doppelten Zweck. Sie hat didaktische Funktion insofern, als sie zukünftiges Verhalten im Sinne des Bearbeiters dieses Rechtssatzes provozieren will. Der Tierhalter tut nicht genug, wenn er das Tier nur bewacht. Er wird zu einer doppelten Sicherung angehalten. Der Zusatz kann aber auch die Entscheidung von zu regulierenden Fällen erleichtern[1]. Will CE § 54 die Befreiung von der Ersatzleistungspflicht aufgrund einer *force majeur* allein durch den Nachweis der Unterrichtung des Tierhalters ausschließen, so provoziert dieses Verfahren das Gegenargument des Tierhalters, er habe aufgrund der Unterrichtung Maßnahmen ergriffen, um einen Angriff des Tieres unmöglich zu machen. Wenn das Tier dennoch Schaden zugefügt habe, so sei dies höhere Gewalt gewesen. Nunmehr muß der Tierhalter nachweisen, daß das Tier, obwohl er es bewacht und seine Hörner gekappt habe, dennoch einen Menschen habe töten können. Erst wenn ihm dieser kaum wahrscheinliche Nachweis gelingen sollte, kann von höherer Gewalt gesprochen und also von der Ersatzleistungspflicht befreit werden[2]. Der Akzent wird von der Intention der Abgrenzung analoger Rechtsfälle im Kodex Ešnunna, deren Rechtsfolgen nicht im Analogieschluß entschieden werden sollen, zu exakteren Bestimmungen der Verantwortlichkeit des Tierhalters in CH § 251 verschoben[3]. In dieser Tendenz ist es begründet, nun auch den Fall der Nichtverantwortlichkeit des Tierhalters (CH § 250) von CH § 251 aus-

---

[1]) Didaktische und justitiable Intentionen können sich also durchaus in den Rechtssätzen verbinden. Dies ist stärker in Anschlag zu bringen, um falsche Alternativen in der Verortung der Rechtssätze zu vermeiden.

[2]) B.S.Jackson (Goring Ox [*SJLA* 10], 125) rechnet in diesem Falle mit reduzierter Ersatzleistung.

[3]) Darin schlägt sich eine Entwicklung von der Erfolgshaftung zur Verschuldenshaftung nieder.

drücklich abzugrenzen. *sūqam ina alāki=šu* in CH § 250 ist als Motiv der Entlastung des Tierhalters zu deuten[1].

Die überlieferungsgeschichtliche Analyse der Sammlung der Körperverletzungsfälle im Kodex Ešnunna zeigt eine Tendenz zur Einführung des strafrechtlichen Sanktionsaspekts in das zivilrechtliche Ersatzleistungsrecht[2]. In CE § 42 wird mit *meḫeṣ lētim 10 šiqil kaspam išaqqal* nicht nur ein Schaden ausgeglichen, sondern ein Schlag sanktioniert[3]. Dies gilt auch für den auf derselben Überlieferungsstufe eingefügten Rechtssatz in CE § 47[4]. Vor allem aber wird in CE § 58 mit der Todessanktion der

---

[1]) So mit unterschiedlichen Nuancierungen G.R.Driver/J.C.Miles (Laws, Bd.1 [[2]*1956*], 442) und J.J.Finkelstein (Ox [*TAPhS* 71], 24), der auf eine Mitschuld des Opfers schließt. D.Nörr (Schuldgedanke [*ZSS* 75], 19) deutet die Phrase so, "daß das Tier aus sich selbst heraus den Schaden setzt".

[2]) Der Begriff des Strafrechts wird hier für das die mehrfache Ersatzleistung einschließende sanktionierende Recht, der des Zivilrechts für das Konfliktregelungsrecht der reinen Ersatzleistung gebraucht; so mit E.Gerner, Straftatbestände (*Diss. iur. München 1934*); vgl. auch J.Renger, Wrongdoing (*JESHO* 20), 65ff.; Verf., Rechtsbegründungen (*StudBibl* 3), 82f. Anm.49.

[3]) Wenn D.Nörr (Schuldgedanke [*ZSS* 75], 8f.) gegen G.R.Driver/J.C.Miles (Laws, Bd.1 [[2]*1956*], 413 Anm.6) und A.Goetze (Laws [*AASOR* 31], 121) meint, *maḫāṣum* impliziere nicht den Vorsatz, so überzeugt mich dies nicht; CH § 206 *ina idū lā amḫaṣu* "mit Wissen habe ich nicht geschlagen" weist m.E. eher darauf hin, daß ein nicht näher qualifiziertes *maḫāṣu(m)* auch den Vorsatz einschließen kann. Es bleibt mit *AHw* 546a bei der treffenden Übersetzung von *meḫiṣ lētim* mit "Ohrfeige"; vgl. dazu auch CH §§ 202; 203.

[4]) Vgl. dazu D.Nörr, Schuldgedanke (*ZSS* 75), 10.

dem Ersatzleistungsrecht fremde Strafaspekt verbunden mit königlich-staatlicher Autorität (*ṣimdat šarrim*) eingeführt[1].

4.3.3. Rechtshistorischer Vergleich altbabylonischer mit altisraelitischen Redaktionsverfahren in der Sammlung von Körperverletzungsfällen in Ex 21,18-32.(33-36)

Die Rechtssätze der altisraelitischen Sammlung der Körperverletzungsfälle in Ex 21,18f./20f./22-25/26f./28-32 bilden jeweils die Protasis mit Verben des Schlagens und Stoßens[2]. Durch diese terminologische Klammer sind die Rechtssätze zusammengehalten und gleichzeitig nach vorn und hinten als ursprünglich eigenständige Rechtssammlung von ihrem Kontext im "Bundesbuch" abgegrenzt[3]. Auf die mit Verben des Schlagens und Stoßens gebildeten Sätze (A) folgt in den Protasen jeweils ein Folgesatz(B):

Ex 21,18f.
Wenn Männer miteinander streiten,

---

[1]) S. auch J.J.Finkelstein (Ox [*TAPhS* 71], 22): "the punishment indicates that the negligence in this instance borders on the original, as it does not in the case of a goring ox or a vicious dog".

[2]) Ex 21,18f.: *w^ehikkā*; Ex 21,20: *jăkkāē*; Ex 21,22: *w^enag^epû*; Ex 21,26: *jăkkāē*; Ex 21,27: *jăppîl*; Ex 21,28: *jiggăḥ*; Ex 21,29: *năggaḥ*; Ex 21,31: *jiggăḥ*; Ex 21,32: *jiggăḥ*; vgl. zum folgenden auch Verf., Rechtssystematik (*UF* 19), 14ff.

[3]) S. Verf., Rechtsbegründungen (*StudBibl* 3), 24ff. Die thematische und terminologische Geschlossenheit der Rechtssätze deutet darauf hin, daß sie in einer überlieferungsgeschichtlich ursprünglich eigenständigen Sammlung zusammengefaßt waren.

A: und es schlägt ein Mann einen anderen mit einem Stein oder mit der Faust,

B: so daß er nicht stirbt, aber bettlägerig wird,

wenn er wieder aufsteht und draußen auf einem Stock umhergeht, bleibt der Schläger straffrei. Nur für sein Daheimsitzen[1] muß er zahlen und für die Heilung aufkommen.

Ex 21,20f.

A: Wenn ein Mann seinen Sklaven oder seine Sklavin mit einem Stock schlägt,

B: so daß sie unter seiner Hand sterben,

sollen sie gerächt werden[2]. Wenn sie einen Tag oder zwei Tage durchstehen, sollen sie nicht gerächt werden, denn es ist sein Geld.

Ex 21,22-25

Wenn Männer miteinander raufen

A: und eine schwangere Frau stoßen,

B: so daß ihr Kind abgeht, es aber kein tödlicher Unfall ist,

soll eine Geldbuße auferlegt werden in der Höhe, die der Ehemann ihm auferlegt, und er soll vor Zeugen bezahlen.

B:Wenn es ein tödlicher Unfall[3] ist,

sollst du Leben für Leben geben, Auge für Auge, Zahn für Zahn, Hand

---

[1]) Zur Diskussion vgl.F.C.Fensham, Exodus XXI 18-19 (*VT* 10), 333-335.

[2]) Zu *nqm* s. E.Lipiński, Art. *nāqam* (*ThWAT* V), 603.605; vgl. auch F.C.Fensham, Nicht-Haftbar-Sein (*JNWSL* 7), 24f.

[3]) Zu *'asôn* s. Verf., Rechtsbegründungen (*StudBibl* 3), 28 mit Anm.83; gegen R.Westbrook, Lex talionis (*RB* 93), 56.

für Hand, Fuß für Fuß, Brandmal für Brandmal, Wunde für Wunde, Striemen für Striemen.

Ex 21,26f.

A: Wenn ein Mann seinem Sklaven auf die Augen schlägt oder seiner Sklavin auf die Augen schlägt,

B: und sie zerstört,

soll er sie für ihre Augen als Freigelassene entlassen.

A: Wenn er einen Zahn seines Sklaven oder einen Zahn seiner Sklavin ausschlägt,

soll er sie für ihren Zahn als Freigelassene entlassen.

Ex 21,28-32

A: Wenn ein Rind einen Mann oder eine Frau stößt,

B: so daß sie sterben,

soll das Rind gesteinigt werden. Sein Fleisch soll nicht gegessen werden. Der Besitzer des Rindes bleibt straffrei.

A: Wenn es sich aber um ein seit gestern und vorgestern stößiges Rind handelt und es seinem Besitzer bekannt war, er es aber gleichwohl nicht bewacht hat,

B: und es einen Mann oder eine Frau tötet,

soll das Rind gesteinigt werden, und auch sein Besitzer soll sterben. Wenn ihm ein Sühnegeld auferlegt wird, soll er das Lösegeld für sein Leben in der vollen Höhe, die ihm auferlegt wird, bezahlen.

A: Wenn es einen Sohn oder eine Tochter stößt,

soll nach diesem Rechtssatz[1] mit ihm verfahren werden.

A: Wenn das Rind einen Sklaven oder eine Sklavin stößt,

---

[1]) Vgl. dazu H.Niehr, Herrschen (*FzB* 54), 183.

zahlt er ihrem Herrn 30 Schekel Silber. Das Rind soll gesteinigt werden.

Die Redaktion dieser altisraelitischen Sammlung von Körperverletzungsfällen in Ex 21,18-32 ist wie die im Kodex Ešnunna an der Abgrenzung von Rechtsfällen orientiert, die in den Tatbestandsdefinitionen der Protasen analog, in den Rechtsfolgen aber voneinander gesondert sind und also nicht im Analogieschluß geregelt werden sollen. So wird die Körperverletzung eines freien Bürgers in Ex 21,18f./22-25/28-31 von der Körperverletzung begangen an Sklave oder Sklavin in Ex 21,20f./26f./32 abgegrenzt, so daß sich eine alternierende Anordnung ergibt:

Ex 21,18f.:	israelitischer Mann
Ex 21,20f.:	*Sklave/Sklavin*
Ex 21,22-25:	israelitische Frau
Ex 21,26f.:	*Sklave/Sklavin*
Ex 21,28-31:	israelitischer Mann/Frau/Kind
Ex 21,32:	*Sklave/Sklavin*

Die Formulierung der Protasis in Ex 21,20 vermittelt parallele und differente Tatbestandsmerkmale des Falles der tödlichen Verletzung eines Sklaven mit dem der Körperverletzung eines freien israelitischen Mannes in Ex 21,18f.:

hikkā 'îš 'aet re'ehu ... w^e lo' jamût ... w^e niqqā
jăkkāē 'îš 'aet 'abdô ... umet naqom jinnaqem

Die Körperverletzung eines Sklaven mit unmittelbarer Todesfolge (*umet tăḫăt jadô*) wird von der jeden strafrechtlichen Sanktionsaspekt ausschließenden reinen Ersatzleistungsregelung in Ex 21,18f. abgegrenzt und

als Fall des Todesrechts behandelt. Davon abgegrenzt wird als Gegenfall die nicht unmittelbar eintretende Todesfolge (*'ăk 'im jôm 'ô jômăjim*[1] *ja*ᵃ*mod*), die als Vermögensangelegenheit behandelt wird.
Der folgende Rechtssatz in Ex 21,22f. verläßt den Bereich des Sklavenrechts und knüpft mit der Ex 21,18 entsprechenden Einleitung der Protasis über Ex 21,20f. zurückgreifend an Ex 21,18f.an:

wᵉkî jᵉrîbun ᵃ*našîm* "wenn Männer miteinander streiten".
wᵉkî jinnaṣû ᵃ*našîm* "wenn Männer miteinander raufen".

Ex 21,22f. will also nicht nur in Abgrenzung von den beiden Rechtssätzen des Sklavenrechts in Ex 21,20f.26f., sondern auch in Bezug auf Ex 21,18f. interpretiert werden. Ex 21,22 behandelt mit der Fehlgeburt aufgrund von Körperverletzung einer schwangeren Frau einen besonderen Fall, der gerade nicht in Analogie zu Ex 21,18f. zu regeln ist, da eine längere Heilungszeit bei einer Fehlgeburt nicht die Regel ist. Der Ersatz kann also nicht darin bestehen, daß der Schädiger für Verdienstausfall und Heilungskosten aufkommt. Vielmehr muß er durch eine vom Geschädigten festzusetzende Entschädigung den Schaden begleichen. Aus diesem besonderen Fall, der nicht in Analogie zu Ex 21,18f. geregelt werden kann, ist zu schließen, daß in den übrigen Fällen der an einer israelitischen Frau begangenen Körperverletzung analog zu Ex 21,18f.zu verfahren ist, der Schädiger also die entstehenden Kosten übernimmt.
Über Ex 21,18f. hinausgehend aber parallel zu Ex 21,20f. behandelt Ex 21,23 den Fall der Körperverletzung mit Todesfolge und grenzt diesen

---

1) Die Phrase im Schema x (oder) x+1 bezeichnet das nach oben offene, nicht zu unterschreitende Minimum ("mindestens ein Tag"); s. R.Yaron, Assyrian Laws (*Bibl* 51), 553; zur Diskussion s. auch S.E.Loewenstamm, Phrase (*AOAT* 204), 443f.

Fall von Ex 21,22 ab. Er fällt nicht unter ersatzrechtliche Regelungen, sondern ist Fall des strafrechtlichen Todesrechts, der vom voranstehenden Fall des Sklavenrechts in Ex 21,20 dadurch abgegrenzt ist, daß der Tod einer israelitischen Frau als Folge einer Körperverletzung unbedingt die Todessanktion nach sich zieht, die sklavenrechtliche Einschränkung der Todessanktion auf die *unmittelbare* Todesfolge für die israelitische Frau also nicht gilt.

Es bleibt zu fragen, warum der Fall der Körperverletzung eines israelitischen Mannes mit Todesfolge in Ex 21,18f.ausgegrenzt (*wᵉlo' jamût* ... *wᵉniqqā hămmăkkāē*) und Körperverletzung mit Todesfolge erst in Ex 21,23 für die israelitische Frau behandelt wird. Die Lösung zeigt der Vergleich mit dem apodiktisch formulierten Rechtssatz in Ex 21,12:
măkkē 'îš wamet môt jûmat
"Wer einen Mann schlägt, daß er stirbt, der soll sterben".
Der Schutz des Lebens durch die Androhung der Todessanktion[1] gilt ursprünglich nur dem israelitischen Mann. *Die kasuistisch formulierte Sammlung Ex 21,18-32 reformiert das ältere apodiktische Todesrecht, indem es die israelitische Frau (Ex 21,22-25.28-30) und in Ex 21,31 auch die Kinder in den Schutz des Todesrechts einbezieht*[2]. So wird in

---

[1]) Gegen die These, es handle sich bei der *môt jûmat* - Formel nur um die Deklaration der Todeswürdigkeit (s. H.Schulz, Todesrecht [*BZAW* 114], 76f.), hat H.J. Boecker (Recht [NStB], 171f.) die Formel mit dem Vollzug der Todessanktion verbunden.

[2]) S. dazu Verf., Rechtsbegründungen (*StudBibl* 3), 24ff. 61ff. Auf den Zusammenhang zwischen Ex 21,12 und Ex 21,18f. weisen auch H.J.Boecker (Recht [NStB], 170) und K.J.Illman (Art. *mût* [*ThWAT* IV], 779) hin. Sie vermuten aber die gemeinsame Zugehörigkeit zu einer Rechtssatzreihe. Der Zusammenhang ist komplexer und als der einer rechtshistorischen Entwicklung zu beschreiben. Die formgeschichtlichen Differenzen zwischen Ex

Ex 21,18f. durch die Ausschließung des Falles der Körperverletzung mit Todesfolge eine Lücke gelassen, die in Ex 21,23 geschlossen wird. Der Fall wird dort aufgenommen und geregelt, wo er besonders strittig ist und also besonderer Regelbedarf besteht[1].

Ist die Körperverletzung einer schwangeren Frau mit einer daraus resultierenden Fehlgeburt ein der gesonderten Regelung bedürftiger Fall, so wird in den übrigen Fällen der Körperverletzung einer Frau analog zu Ex 21,18f. verfahren worden sein. Umgekehrt ist im Falle der Todesfolge nach einer Körperverletzung eines israelitischen Mannes analog zu Ex 21,23 zu verfahren und dies dem älteren apodiktischen Rechtssatz Ex 21,12 gemäß ein Fall des Todesrechts. Die Rechtssätze Ex 21,18f. und Ex 21,22f., die durch die parallele Eröffnung der Protasis über Ex 21,20f. hinweg zusammengefaßt sind, sind also als Fall und Gegenfall von Körperverletzung mit und ohne Todesfolge aufeinander bezogen auszulegen. Die Rechtssätze in Ex 21,18-25 werden nicht nur durch die Abgrenzung der Rechtsbereiche der Körperverletzungsfälle freier Israeliten von den Fällen des Sklavenrechts strukturiert, sondern jeweils innerhalb dieser Rechtsbereiche durch die Abgrenzung der Fälle von Körperverletzung mit Todesfolge von solchen ohne Todesfolge und ihren jeweiligen Zuordnungen zum Ersatzleistungsrecht[2] oder Todesrecht.

Dieses Schema ist auch im Sklavenrecht Ex 21,20f.26f. angewendet worden.

21,12 und Ex 21,18 (s. dazu zuletzt H.J.Fabrys Zusatz in *ThWAT* IV, 779) schließen eine derartige Zusammenordnung von Ex 21,12 und Ex 21,18f. zu einer Rechtssatzreihe aus.

[1]) Dieses Verfahren hat ähnlich H.Petschow (Bodenpachtrecht [*ZA* 74], 184ff.) für altbabylonische Rechtsüberlieferungen herausgearbeitet.

[2]) Ex 21,21 ist diesem Rechtsbereich zuzuordnen, da der Schädiger gleichzeitig der Geschädigte ist und sich also diese beiden Aspekte gegenseitig aufheben.

Von den Körperverletzungsfällen mit Todesfolge in Ex 21,20f. sind die Fälle der Körperverletzung mit bleibenden Körperschäden in Ex 21,26f. abgegrenzt. Geht es in Ex 21,20f. um die sanktionsrechtliche Abgrenzung des Falles der unmittelbaren Todesfolge als Fall der Todessanktion von dem der mittelbaren Todesfolge, der nicht mit der Todessanktion verbunden ist, so steht in Ex 21,26f. nicht der Strafrechtsaspekt im Vordergrund, sondern der Aspekt der Ersatzleistung an dem geschädigten Sklaven, der als Kompensation für den zugefügten Schaden zu entlassen ist. Damit aber wird in Ex 21,26f. eine Ex 21,21 entsprechende Lösung ausgeschlossen, die in der Selbstschädigung des Sklavenbesitzers (*kî kăspô hû'* "denn sein Geld ist es"; Ex 21,21b) durch die Wertminderung des geschädigten Sklaven eine ausreichende Rechtsfolge der bleibenden Körperverletzung sehen könnte.

In Ex 21,28-32 sind Rechtssätze zu Fällen der Körperverletzung mit Todesfolge durch ein Tier angefügt, die unter zwei Redaktionsgesichtspunkten zusammengefügt sind, die denen in Ex 21,18-27 ähneln: Ex 21,32 grenzt die sklavenrechtliche Regelung von denen für die freien Israeliten in Ex 21, 18-31 ab. Damit vermittelt ist als zweites Redaktionsprinzip die Abgrenzung der Fälle der Verantwortlichkeit des Tierhalters und der daraus resultierenden Todessanktion (Ex 21,29/30/31) von dem Fall der Befreiung von der Todessanktion (Ex 21,28).

In Ex 21,28-32 zeigt sich ein kompliziertes Geflecht der verbindenden und abgrenzenden Strukturelemente. Eine Auflistung ergibt folgendes Bild:

Strukturelement A:

Motiv des stoßenden Rindes

Ex 21,28:	*w^e kî jiggăḥ šôr*
Ex 21,29:	-
Ex 21,31:	*... jiggăḥ*
Ex 21,32:	*'im jiggăḥ hăššôr*

Strukturelement B:

Objekt der Schädigung

Ex 21,28:	*'aet 'îš 'ô 'aet 'îššā* (B^1)
Ex 21,29:	*'îš 'ô 'îššā* (B^1)
Ex 21,31:	*'ô ben ... 'ô băt* (B^2)
Ex 21,32:	*'aebaed* (B^3)

Strukturelement C:

Folge des Stoßens

Ex 21,28:	*wamet*
Ex 21,29:	*w^e hemît*
Ex 21,31:	-
Ex 21,32:	-

Strukturelement D:

Rechtsfolge der Steinigung des Rindes

Ex 21,28:	*jissaqel hăššôr*
Ex 21,29:	*hăššôr jissaqel*
Ex 21,31:	*(kămmišpaṭ hăzzāē je'asāē lô)*
Ex 21,32:	*w^e hăššôr jissaqel*

Strukturelement E:

Rechtsfolge des Verbotes, das Fleisch des Tieres zu essen

Ex 21,28: *w^{e}lo' je'akel 'aet b^{e}śarô*

Ex 21,29: -

Ex 21,31: -

Ex 21,32: -

Strukturelement F:

Rechtsfolge (der Befreiung des Tierhalters von) der Todessanktion

Ex 21,28: *ubă'ăl hăššôr nakî* (F^1)

Ex 21,29: *w^{e}găm b^{e}'alaw jûmat* (F^2)

Strukturelement G:

Verantwortlichkeit des Tierhalters

Ex 21,28: -

Ex 21,29: *w^{e}'im šôr năggaḥ hû' mittmol šilšom w^{e}hû'ăd bib'alaw w^{e}lo' jišm^{ê}raennû*

Strukturelement H:

Rechtsfolge im Sklavenrecht

Ex 21,32: *kaesaep š^{e}lošîm š^{e}qalîm jitten lă'donaw*[1]

So ergibt sich folgende Übersicht der Strukturelemente in Ex 21,28f.31f.:

---

[1]) Ex 21,30 fällt aus dieser Struktur heraus und wird nur durch die Apodosis - Formulierung in Ex 21,31 *kămmišpaṭ hăzzāē je'aśāē lô* in den Kontext von Ex 21,28-32 integriert.

	Protasis			Apodosis				
	A	B	C	D	E	F	G	H
21,28	X	X[1]	X	X	X	X[1]	-	-
21,29	-	X[1]	X	X	-	X[2]	X	-
21,31	X	X[2]	-	(X)	-	-	-	-
21,32	X	X[3]	-	X	-	-	-	X

Ex 21,28 ist mit *kî* eingeleiteter Oberfall der Befreiung des Tierhalters von der Verantwortung für den Schaden und abgegrenzt von den mit *'im* eingeleiteten Unterfällen der Verantwortung des Tierhalters. Darüber hinaus zeigt sich auch in der Terminologie der Apodosis die Funktion von Ex 21,28 als Oberfall, den die Unterfälle voraussetzen. Das Strukturelement D, die Steinigung des stößigen Tieres als Rechtsfolge, verbindet alle Rechtssätze. Sie ist implizit auch in Ex 21,31 mitgesetzt[1]. In Ex 21,28 schließt sich das Strukturelement E an, die Rechtsfolgebestimmung des Verbotes, das Fleisch des Tieres zu essen. Dieses Verbot ist mit der Steinigung des Tieres begründet und also auch in Ex 21,29.(31).32 mitgesetzt, so daß diese Rechtssätze jeweils Ex 21,28 zur vollständigen Interpretation der Rechtsfolgen voraussetzen. Der Unterfall in Ex 21,29

[1]) S. B.S.Jackson, Goring Ox (*SJLA* 10), 108.

ist als Gegenfall zu Ex 21,28 gestaltet. Das Ex 21,29 von Ex 21,28 abgrenzende Strukturelement G, das Motiv der Verantwortlichkeit des Tierhalters, bildet Eröffnung und Schwerpunkt der Protasis, die also betont im Dienste der Abgrenzung des Falles Ex 21,29 von Ex 21,28 steht. Entsprechend antithetisch, die Schlußfolgerungen aus der Abgrenzung in der Protasis ziehend, ist die jeweilige Rechtsfolge für den Tierhalter formuliert ($F^{1/2}$): *ubă'ăl hăššôr naki* (Ex 21,28), *w^e^găm b^e^'alaw jûmat* (Ex 21,29). Das Strukturelement A, das Motiv des Stoßens in Ex 21,28, ist in Ex 21,29 durch die kausative Formulierung in das Strukturelement C, die Todesfolge des Stoßens, hineingezogen (*wamet w^e^hemît*), um Raum für das Strukturelement G als Eröffnung der Protasis in Ex 21,29 zu schaffen. Ex 21,29 setzt darin Ex 21,28 zum Verständnis voraus. Das Strukturelement B, das Objekt des Schlagens (*'îš 'ô 'iššā*), das in Ex 21,28 mit dem Strukturelement A verbunden ist, ist in Ex 21,29 an den Kausativaspekt im Strukturelement C gebunden und setzt also ebenfalls Ex 21,28 voraus.

Den so zu einer geschlossenen Gruppe von Fall und Gegenfall zusammengebundenen Rechtssätzen in Ex 21,28/29 steht in Ex 21,31/32 eine zweite Gruppe von Unterfällen gegenüber. Von Ex 21,28f. ist sie dadurch geschieden, daß das Strukturelement B in diesen Rechtssätzen betont am Anfang der Protasis steht (*'ô ben ... 'ô băt/'im 'aebaed...*). In der Abgrenzung des betroffenen Personenkreises liegt der Hauptakzent dieser Rechtssätze. Während Ex 21,28f. durch das gemeinsame Strukturelement B^1 *'îš 'ô 'iššā* zusammengebunden wird, ist Ex 21,32 durch das Strukturelement $B^{2/3}$ von Ex 21,31 abgegrenzt. Der Fall der Tötung eines Kindes freier Israeliten ist im Gegensatz zur Tötung eines Sklaven nicht im Analogieschluß ersatzrechtlich zu regeln, sondern ist dem Todesrecht zuzuordnen, wie umgekehrt die Tötung eines Sklaven nicht im Analogieschluß mit der Todessanktion zu bestrafen, sondern ersatzrechtlich zu regeln ist. Als Unterfallgruppe wird Ex 21,31f. an Ex 21,29 gebunden.

In Ex 21,31 fehlt das einleitende *'im*, so daß für das konditionale Verständnis der Protasis der vorgegebene Kontext von Ex 21,29 vorauszusetzen ist. Das Subjekt von *jiggăḥ* ist ebenfalls aus Ex 21,29 zu bestimmen. Das Strukturelement C, die Todesfolge der Körperverletzung, ist implizit vorausgesetzt und damit die explizite Erwähnung dieses Motivs in Ex 21,28f. Schließlich setzt Ex 21,31f. implizit die Verantwortlichkeit des Tierhalters voraus[1], ohne die weder Todessanktion noch Forderung nach Ersatz möglich wäre, also das Strukturelement G in Ex 21,29.

Die Rechtssätze Ex 21,28f.31f. sind in der Abgrenzung der Rechtsfälle aufeinander aufbauend redigiert: Ex 21,29 setzt als Gegenfall Ex 21,28 und Ex 21,31 setzt Ex 21,29 voraus. Dem entspricht eine inhaltliche Ausdifferenzierung des durch die Sanktionsandrohung geschützten Personenkreises. Ausgehend von *'îš* und *'iššā* wird der Kreis auf Sohn, Tochter[2] und davon abgegrenzt Sklave und Sklavin ausgedehnt[3].

In Ex 21,28-32 werden dem Kodex Ešnunna verwandte Redaktionstechniken angewendet, die zu einer Interpretation des Rechtssatzes bezogen auf seinen Kontext in der Sammlung anleiten. Dies gilt auch für die

---

[1]) Vgl.zu den impliziten Setzungen eines Rechtssatzes D.Daube, Self-Understood (*Juridical Review* 85), 126-134.

[2]) Die umständliche Formulierung der Wiederholung des Verbs in *'ô bên jiggăḥ 'ô băt jiggăḥ* unterstreicht die Ausweitung des Kreises, der durch den Rechtssatz geschützt wird; s. dazu F.I.Andersen, Sentence [*1974*], 143. F.D.Fensham (Family Law [*Dine Israel* 1], XVIIIf.) vermutet als Hintergrund der Ausweitung des Sanktionsschutzes auf Frau und Kinder "the strong sense of family solidarity" im antiken Israel.

[3]) Zu V.30 s. B.Janowski, Sühne (*WMANT* 55), 154ff.; s. dazu Verf., Rechtsbegründungen (*StudBibl* 3), 85 Anm.79. Der Vers ist überlieferungsgeschichtlicher Zusatz zu V.29.

Interpretation von Ex 21,28-32 im Rahmen der Sammlung Ex 21,18-32. So wie die Rechtssätze Ex 21,18f. und Ex 21,22f. wechselseitig zu interpretieren sind, im Falle der Körperverletzung eines freien Mannes mit Todesfolge Ex 21,23 entsprechend die Todessanktion anzuwenden ist, und umgekehrt im Falle der Verletzung einer israelitischen Frau ohne Todesfolge - ausgenommen ist der Fall der Fehlgeburt, - vom Täter Ex 21,18f. entsprechend die Heilkosten zu tragen sind, ist auch Ex 21,32 auf Ex 21,18f. und Ex 21,23 zu beziehen. Werden in Ex 21,28f.31 *'îš/'iššā* und *ben/băt* in den Rechtsfolgen ausdrücklich parallel behandelt, so ist bei tödlicher Verletzung eines Kindes über den Fall Ex 21,31 hinaus Ex 21,23 entsprechend die Todessanktion anzuwenden. Im Falle der Körperverletzung ohne Todesfolge sind Ex 21,18f. entsprechend die Heilkosten vom Täter zu tragen.

In die Analyse von Ex 21,18-32 ist schließlich die "talionische Regel" in Ex 21,23b.24.25 einzubeziehen:

naepaš tăḥăt naepaeš 'ăjin tăḥăt 'ăjin šen tăḥăt šen jad
tăḥăt jad raegael tăḥăt raegael kᵉwîjā tăḥăt kᵉwîjā
paeṣă' tăḥăt paeṣă' ḥabûrā tăḥăt ḥăbûrā

"Leben um Leben, Auge um Auge, Zahn um Zahn, Hand um Hand, Fuß um Fuß, Brandmal um Brandmal, Beule um Beule, Wunde um Wunde".

Die Sammlung der Körperverletzungsfälle gewinnt ihre integrierende Mitte in der Abgrenzung von Fällen der Anwendung der "talionischen Regel" von solchen der Nichtanwendung[1]. Die Todessanktion Ex 21,23b[2] wird auf die

---

[1]) Vgl. Verf., Rechtsbegründungen (*StudBibl* 3), 25ff.

Körperverletzung eines Sklaven mit unmittelbarer Todesfolge (Ex 21,20), einer israelitischen Frau in jedem Falle der Todesfolge sowie die von einem Tierhalter schuldhaft in Kauf genommene Tötung von Mann, Frau und Kindern durch ein Rind ausgedehnt. Die übrigen Fälle werden der Ersatzleistung zugewiesen und also von der "talionischen" Todessanktion ausgenommen. Unter die ersatzrechtlichen Regelungen fallen die mittelbare Todesfolge der Körperverletzung eines Sklaven (Ex 21,21), die Verursachung einer Fehlgeburt (Ex 21,22) sowie die Tötung eines Sklaven durch ein Rind (Ex 21,32). Auch die bleibende körperliche Schädigung eines Sklaven und die Verletzung eines israelitischen Mannes (Ex 21,18f.) werden von einer "talionischen" Regelung ausgenommen. Die Anwendung der "talionischen Regel" wird auf einige Fälle der Todessanktion eingeschränkt, die das apodiktisch formulierte, ältere Tötungsverbot (Ex 21,12) nicht erfaßt. Ausgeschlossen wird eine "talionische" Sanktion von Körperverletzungen ohne Todesfolge. Die "talionische Regel" wird also in die Sammlung der Körperverletzungsfälle[1] aufgenommen, um Fälle der Todessanktion von ersatzrechtlich zu regelnden Fällen, Strafrechtsfälle also von Fällen zivilrechtlicher Konfliktregulierung, zu sondern[2]. In

---

2) Gegen M.-H.Prévost (Talion *[Mélanges J.Teneur]*, 619ff.) und G.Cardascia (Talion [*Mélanges J.Dauvillier*], 171f.), die *naepaeš tăḥăt naepaeš* auf eine Ersatzzahlung deuten; vgl. auch H.Seebaß, Art. *naepaeš* (*ThWAT* V), 548. Zur Diskussion von Ex 21,21-25 s. auch B.S.Jackson, Exod. 22-5 (*SJLA* 10), 75-107; S.E.Loewenstamm, Exodus 21:22-25 (*AOAT* 204), 517-525; Verf., Rechtsbegründungen (*StudBibl* 3), 28ff.

1) G.Cardascia (a.a.O., 173) hat mit Recht darauf hingewiesen, daß "talionische" Strafen ihre Domäne im Bereich der Körperverletzungsfälle haben.

2) Darin berührt sich die Funktion der "talionischen Regel" im "Bundesbuch" mit der im Keilschriftrecht; zur Diskussion s. zuletzt G.Cardascia, Talion (*Mélanges J.Dauvillier*), 169-183; T.Frymer-Kensky, Retribution

dieser Funktion ist die "talionische Regel" systematische Mitte der Sammlung Ex 21,18-32.

Damit wird ein Redaktionsprinzip erkennbar, daß im Grad der damit verbundenen Systematisierung von Rechtssätzen über den Kodex Ešnunna hinausgeht. Kennt auch das Keilschriftrecht die Interpretation von Rechtssätzen bezogen auf ihren jeweiligen Kontext, so fehlt doch in den analysierten keilschriftlichen Rechtssammlungen der systematisierende Bezug der Rechtssätze auf eine, den Einzelfall übergreifende abstrakte Rechtsregel, die zur integrierenden Mitte der Systematik einer Sammlung wird.

Ex 21,35.36 ist mit CE § 53 thematisch verwandt, so daß sich die Frage stellt, in welchem Verhältnis Ex 21,35f. zu Ex 21,28-32 steht.

(*BA* 43), 230-234; H.Jüngling, Talionsformeln (*ThPh* 59), 1-38 (Lit.); U.Sick, Tötung (*Diss. iur. Tübingen 1984*), 306ff. Keineswegs geht es mit der Einbindung der "talionischen Regel" in den Kontext der Sammlung der Körperverletzungsfälle um einen "Protest" gegen die soziale Differenzierung zwischen Rechten der Freien und Sklaven, wie F.Crüsemann ("Auge um Auge" [*EvTh* 47], 411-426; zum Hintergrund der These s. ders., Widerstand [*WuD*, N.F., 17], 9-25) meint. Die Aufnahme der "talionischen Regel" in den Formulierungen der sklavenrechtlichen Bestimmungen in die Rechtssätze Ex 21,20.26f.(s. Verf., Rechtsbegründungen [*StudBibl* 3], 24ff. vgl. u. 124 Anm.2), die das Sklavenrecht vom Recht der Freien abgrenzen, widerspricht dem diametral, wie auch der These von H.J.Kugelmass (Lex Talionis [*Ph. D. Diss. University Montreal 1985*], 138ff.), die "talionische Regel" sei priesterschriftliche Ergänzung zum "Bundesbuch".

Ex 21,35

Wenn (*kî*) ein Rind das Rind seines Nachbarn stößt, so daß es stirbt, so sollen sie das lebende Rind verkaufen und den Geldbetrag teilen und auch das tote Tier sollen sie teilen.

Ex 21,36

Wenn aber (*'ô*) bekannt war, daß das Rind seit gestern und vorgestern stößig war, und sein Besitzer es nicht bewacht hat, so soll er Ersatz leisten (*šăllem j^ešăllem*), Rind für Rind, und das tote Tier soll ihm gehören.

Diese beiden Rechtssätze sind zusammen mit Ex 21,33f. fest in die Struktur der Sammlung der *j^ešăllem*-Gesetze in Ex 21,33-22,14 eingebunden. Die Struktur dieser Sammlung ist durch die alternierende Abfolge von Rechtssätzen reiner Ersatzleistung (*[šăllem] j^ešăllem*; Ex 21,33-36/ 22,4f./22,9-14) und sanktionierender Rechtssätze (Ex 21,37-22,3/22,6-8) gekennzeichnet. Wie in Ex 22,9-14 Rechtssätze der Ersatzleistungspflicht (V.11.13: *[šăllem] j^ešăllem*) mit solchen der Befreiung von dieser Pflicht in Fällen höherer Gewalt (V.9f.12.14: *lo' j^ešăllem*) abwechseln, so auch in Ex 21,33-36. Die volle Ersatzleistungspflicht (V.34; 36) wechselt mit der Teilung des Schadens im Falle höherer Gewalt. Wie eng Ex 21,33-36 in das Korpus der *j^ešăllem*-Gesetze in Ex 21,33-22,14 eingebunden ist, zeigt auch, daß Ex 21,33-36 Anteil an der diese Sammlung kennzeichnenden Strukturierung durch den inf.abs. *šăllem* hat. Dieser inf.abs. ist nicht wahllos gesetzt, sondern steigert jeweils vorangehendes (*lo'*) *j^ešăllem:*

Ex 21,34: *j^ešăllem*; Ex 21,36: *šăllem j^ešăllem*;
Ex 21,37: *j^ešăllem*; Ex 22,2b: *šăllem j^ešăllem*;
Ex 22,4: *j^ešăllem*; Ex 22,5: *šăllem j^ešăllem*;
Ex 22,10-12: *lo' j^ešăllem/ j^ešăllem*; Ex 22,13: *šăllem j^ešăllem*;

In Ex 21,36 steht neben der Rechtsfolge *šällem j^e^šällem* ein auffälliges *šôr tăḥăt šôr*. Diese Phrase hat in Ex 21,37 in der Verbindung mit *ḥ^a^miššā baqar j^e^šällem tăḥăt hăššor* im Gegensatz zu Ex 21,36 eine notwendige Funktion[1]. In Ex 21,36 dient sie nur der redaktionellen Verknüpfung mit den folgenden Rechtssätzen und unterstreicht eine die Redaktionsstruktur bestimmende Abgrenzung von Ersatzleistung (*j^e^šällem šôr tăḥăt šor*) von der Sanktion (*ḥ^a^miššā ... j^e^šällem tăḥăt...*).

Im Gegensatz zu der festen Einbindung von Ex 21,33-36 in die redaktionelle Strukturierung der Sammlung der *j^e^šällem*-Gesetze fällt Ex 21,33-36 aus der Redaktionsgestalt der Sammlung der Körperverletzungsfälle Ex 21,18-32 heraus. Die Rechtssätze dieser Sammlung gewinnen Struktur und Systematik in der Orientierung auf die "talionische Regel" in Ex 21,23b-25 durch die Abgrenzung des Todesrechts vom Ersatzleistungsrecht in Fällen der Körperverletzung mit und ohne Todesfolge. Die Rechtssätze in Ex 21,33-36 haben keine Bindung an diese Struktur. Sie haben auch an der mit dieser alternierenden Anordnung von Sanktions- und Ersatzleistungsrecht vermittelten Anordnung von Rechtssätzen des Rechts freier Israeliten und des Sklavenrechts keinen Anteil. Kommentatoren haben Ex 21,33-36 entweder als lose an Ex 21,18-32 angeschlossen interpretiert[2] oder verbinden Ex 21,33-36 mit den folgenden Rechtssätzen in Ex 21,37-22,14.(16)[3]. Die redaktionsgeschichtliche Analyse verhilft zur

---

1) Nur in Ex 21,36.37 ist *šlm* in Verbindung mit *tăḥăt* belegt; s. dazu D.Daube, Studies (*1947*), 104.134-136.

2) S. M.Noth, Exodus (*ATD* 5); 148; B.S.Childs, Exodus (*OTL*), 473 ("supplementary law").

3) S. B.Baentsch, Bundesbuch (*1892*), 20ff.; Exodus (*HAT* I 2.1), 196f.; A.Dillmann, Exodus (*KeH* XII), 260; H.Holzinger Exodus (*KHAT* II), 87.

Klarheit in dieser Frage. Ex 21,33-36 gehört ursprünglich einem anderen literarischen Kontext an als Ex 21,18-32. Damit findet auch die Stellung von Ex 21,33f. zwischen Ex 21,28-32 und Ex 21,35f. eine angemessene Erklärung. D.Daube[1] und ihm folgend B.S.Childs[2] rechnen mit einer sukzessiven Anfügung von Ex 21,33f. und Ex 21,35f. an Ex 21,28-32 und also ebenfalls nicht mit einem ursprünglichen literarischen Zusammenhang zwischen Ex 21,28-32 und Ex 21,35f. So wie CE § 53 erst überlieferungsgeschichtlich sekundär mit CE § 54 verbunden wurde, so geschah dies unabhängig von der altbabylonischen Rechtsüberlieferung auch mit Ex 21,28-32.33f.35f. Erst durch die redaktionelle Verklammerung der Sammlung der Körperverletzungsfälle in Ex 21,18-32 mit der Sammlung der *j^{e}šällem*-Gesetze durch den Redaktor des Rechtskorpus Ex 20,24-22,26 wurden Ex 21,28-32 und Ex 21,33-36 literarisch verbunden. Die Zusammenordnung dieser beiden Sammlungen in der vorliegenden Reihenfolge ist sicherlich durch die thematische Nähe von Ex 21,28-32 als Abschluß der Sammlung Ex 21,18-32 zu Ex 21,35f. als der Eröffnung der Sammlung Ex 21,33-22,14 mitbestimmt gewesen.

Dieses Ergebnis schließt keineswegs aus, daß es einen rechtshistorischen Zusammenhang zwischen CE §§ 53; 54; CH §§ 250-252 und Ex 21,28-32.35f. gibt. Doch ist dieser eher ein indirekter und mit überlieferungsgeschichtlichen Zwischengliedern zu rechnen[3].

---

[1]) S. Studies (*1947*), 85.

[2]) S. a.a.O. (*OTL*), 473.

[3]) Ich halte es für nicht unwahrscheinlich, daß einige altbabylonische Rechtsüberlieferungen über die Hethiter nach Palästina vermittelt wurden und als "Kulturgut" Einfluß auf die israelitische Rechtsgeschichte gewannen; vgl. K.Koch, Gesetz I (*TRE* XIII), 41.44; dagegen E.Ring, Rechts-

Im Folgenden soll nicht erneut der oft wiederholte, in der Interpretation kontroverse Vergleich zwischen den altbabylonischen und altisraelitischen Rechtssätzen zum stößigen Rind durchgeführt werden[1]. Vielmehr sollen die damit verbundenen Problemstellungen nur soweit aufgenommen werden, als es für einen rechtshistorischen Vergleich von Verfahren und Intentionen der jeweiligen Redaktion von Bedeutung ist.

Die Redaktionen in CE §§ 42-48; 53-58; CH §§ 250-252 und Ex 21,18-32; (33-22,14) zeigen eine Reihe verwandter Züge, auf deren Hintergrund die Unterschiede um so deutlicher werden. Eine Anordnung von Rechtssätzen im Schema von Fall und Gegenfall findet sich in CE §§ 53-58 nicht, wohl aber in CH §§ 250/251 und Ex 21,28/29. Der Befreiung des Tierhalters von der Verantwortung und damit von der Ersatzleistung (CH § 250) oder

---

leben (*1926*), 189ff. Die Körperverletzungsregelungen des Kodex Ešnunna (CE §§ 42; 44; 45) könnten dem hethitischen Gesetzgeber Vorbild gewesen sein; so V.Korošec, Struktur (*1976*), 294; vgl. ders., Wechselbeziehungen (*BBVO* 1), 295-310. Auf eine zweite Phase des keilschriftlichen Einflusses auf das altisraelitische Recht weist die unverkennbare Affinität von Rechtssätzen des Dtn zum mass.K. Doch ist der äußere Einfluß auf das altisraelitische Recht wohl sehr viel geringer, die indigene Rechtsentwicklung Israels sehr viel höher zu veranschlagen, als häufig angenommen wird; vgl. auch die vorsichtige und umsichtige Diskussion bei B.S.Jackson, Goring Ox (*AJCL* 16), 374ff.(Lit.) sowie vgl. Verf., Depositenrecht (*ZSS* 105), (im Druck). Zu den methodischen Problemen der Rezeptionsforschung s. auch B.S.Jackson, Influence (*AJCL* 16), 372ff.; F.Wieacker, Rezeptionsforschung (*FS J.Klein*), 181-201; Z.Falk, Rezension (*Bibl* 51), 130-133.

[1]) Im Zentrum der Kontroverse steht die Frage, ob sich in der Differenz zwischen den keilschriftlichen und hebräischen Rechtssätzen ein je unterschiedliches Welt-, Gottes- und Menschenverständnis niederschlägt (so u.a. M.Greenberg, Postulates [*FS Y.Kaufmann*], 5-28; S.M.Paul (Studies [*VTS* 18], 78ff.; J.J.Finkelstein, Sovereignty [*Temple Law Quat.* 46], 169-290; ders.,Bible (*Man* [N.S.] 9), 591ff.; ders.,Ox [*TAPhS* 71], 1-89; S.E.Loewenstamm, Review [*AOAT* 204], 45) oder eine differente gesellschaftliche Situation, so B.S.Jackson, Goring Ox (*SJLA* 10), 108ff.; ders., Ceremonial (*JSOT* 30), 34ff.; s. zur Diskussion auch C.Locher, Recht (*Jud* 38), 130ff.

Todessanktion (Ex 21,28) wird der Gegenfall (CH § 251; Ex 21,29) entgegengestellt. Während der strikt an der Erfolgshaftung orientierte Rechtssatz CE § 54 die Gründe für die Befreiung von der Ersatzleistungspflicht nicht explizit macht, geschieht dies in CH § 250 und Ex 21,28. In diesen beiden Rechtssätzen wurde der Akzent auf die Verschuldensthematik verlagert. Dies gilt besonders für Ex 21,28.29 mit der Überführung dieses Falles vom Ersatzleistungsrecht in das Todesrecht[1].

---

[1]) Die Apodosisformulierung in Ex 21,29 parallelisiert die Sanktion gegen Tier und Tierhalter:
hăššôr jissaqel
w^{e}găm b^{e}'alaw jûmat
Die Zufügung von *găm* bindet Tierhalter und Rind zusammen und drückt so die konkurrierende Mitschuld des Rindes aus. Entsprechend wird in Ex 21,28 durch die chiastische Anordnung der Gegensatz vermindert; so mit F.I.Andersen, Sentence (*1974*), 160: "Although the fates contrast, the chiastic sentence plays down the antithesis and translation 'but' is not indicated. That would be done in a contrastive sentence". Die Sprachgestalt deutet darauf hin, daß es also um mehr als nur eine den Schuldaspekt ausklammernde Präventivmaßnahme (so B.S.Jackson, Goring Ox [*SJLA* 10], 112ff.)geht. Vielmehr intendieren die Formulierungen der Apodosen in Ex 21,28.29 eine konkurrierende Mitschuld des Tieres. Darin dürfte auch die Forderung der Tötung des stößigen Tieres im Falle der Befreiung des Tierhalters von der Blutschuld (*bă'ăl hăššôr nakî*) begründet sein; s. dazu A.v.Selms, Goring Ox (*ArOr* 18), 328ff.; A.Phillips, Murder (*JSS* 28), 105ff.; vgl. auch J.J.Finkelstein, Ox (*TAPhS* 71), 28: "The real crime of the ox is that by killing a human being - whether out of viciousness or by an involuntary motion - it has objectively committed a *de facto* insurrection against the hierarchic order established by Creation: Man was designated by God 'to rule over the sea'...(Gen.1,26.28)". Dies dürfte eine theologische Überfrachtung sein. Umgekehrt wird der Verschuldensaspekt, der in der rechtshistorischen Entwicklung dieses Rechtssatzes immer stärker in den Vordergrund tritt, übergangen, wenn in der Tötung des Stieres nur eine öffentliche Präventionsmaßnahme gesehen wird. Auch das althellenische Recht (s. Platon, Gesetze IX 873 E; M.Mühl, Untersuchungen [*KlioBeih.* 29], 37) sieht die Tötung des stößigen Rindes, das einen Menschen tödlich verletzt hat, vor. Das Fleisch des *getöteten* Tieres muß über die Landesgrenze gebracht werden. Der Besitzer des Tieres bleibt straffrei.

In CE §§ 54/55; 56/57 und CH §§ 251/252 werden jeweils Fälle des Sklavenrechts abgegrenzt von den entsprechenden Fällen der freien Bürger. Hier wird im Ansatz die Anordnung in einem A-B- Schema erkennbar, das seine ursprüngliche Funktion in der Abgrenzung von Rechtssätzen hat. Diese alternierende Anordnung bleibt in der altbabylonischen Sammlung der Körperverletzungsfälle auf die Rechtssätze des stößigen Tieres beschränkt. In der altisraelitischen Sammlung der Körperverletzungsfälle in Ex 21,18-32 ist daraus ein ausgearbeitetes, die gesamte Sammlung durchgängig strukturierendes Gestaltungsprinzip der Redaktion geworden, das die Sätze des Sklavenrechts (Ex 21,20f./26f./32) und des Rechts freier Israeliten (Ex 21,18f./22-25/28-31) in einem alternierenden A-B- Schema anordnet und so unterschiedliche Rechte zusammenfaßt. Hier wird ein höheres Maß an Systematisierung in der Redaktion der Rechtssätze erkennbar. Die überlieferungsgeschichtliche Analyse der Sammlung Ex 21,18-32[1] zeigt, daß dem Redaktor der Sammlung die Abgrenzung des Sklavenrechts in der Rechtssatzreihe des stößigen Rindes Ex 21,28-32 vorgegeben war, die darin CE §§ 54-57 entspricht. Der Redaktor hat zusammen mit der von ihm redaktionell eingearbeiteten "talionischen Regel" in Ex 21,24f. auch die in Ex 21,26f. die talionische Formulierung aufnehmenden sklavenrechtlichen Rechtssätze Ex 21,20f.26f. eingebracht und so die durchgängig alternierende Struktur geschaffen[2].

---

[1]) S. Verf., Rechtsbegründungen (*StudBibl* 3), 28ff.

[2]) Der Redaktion vorgegeben waren die Rechtssätze Ex 21,18f.22f.28-32, die durch Ex 21,20f.24-27 vom Redaktor der Sammlung erweitert wurden. Das Sklavengesetz Ex 21,26f. ist insbesondere durch die Schlußformel *tăḥăt ʿênô/tăḥăt šinnô* auf die "talionische Regel" (Ex 21,24) bezogen formuliert. Ex 21,20 und Ex 21,26 sind parallel gestaltet (*wᵉkî jăkkāē ʾîš ʾaet ʿăbdô ʾô ʾaet ʾᵃmatô/wᵉkî jăkkāē ʾîš ʾaet ʿên ʿăbdô ʾô ʾaet ʿên*

Mit der Einbringung der Todesrechtsthematik in das Körperverletzungsrecht ist ein weiteres Spezifikum der altisraelitischen Redaktion verbunden. Das Verfahren der altbabylonischen Redaktion ist denkbar einfach: Die Rechtssätze zur Regelung der Ersatzleistungspflicht in CE §§ 54-57 werden durch einen Fall des geteilten Schadens (CE § 53) eingeleitet, durch einen Fall des Todesrechts (CE § 58), der von den Fällen des Ersatzleistungsrechts abgegrenzt ist, abgeschlossen und so durch CE §§ 53; 58 gerahmt. Der altisraelitische Redaktor der Sammlung der Körperverletzungsfälle in Ex 21,18-32 hat die Abgrenzung der Fälle zivilrechtlicher Ersatzleistung von solchen der strafrechtlichen Todessanktion in den Mittelpunkt der redaktionellen Strukturierung der ganzen Sammlung gerückt.

Das Schuldproblem und die daraus resultierende todesrechtliche Verschuldenshaftung in Fällen von Körperverletzung mit Todesfolge rückt in das Zentrum dieser altisraelitischen Sammlung. Daß sich darin eine spezifisch israelitische Einstellung zum Erhalt des Lebens widerspiegelt, das durch die Androhung der Todessanktion geschützt werden soll, ist angesichts der vorwiegend ersatzrechtlichen Regelungen im Keilschriftrecht unbestreitbar. Strittig ist aber, ob sich diese Besonderheit in der altisraelitischen Rechtsüberlieferung aus religiösen Wurzeln speist[1]. Das mit der Todessanktion verbundene apodiktische Tötungsverbot (Ex 21,12) hat seinen urspünglichen "Sitz im Leben" in der Familie[2]. Die Todessanktion im

---

ᵃmatô) und so gemeinsam mit der "talionischen Regel" verbunden; vgl. auch H.Cazelles, Études (*1946*), 56f.

[1]) So M.Greenberg und die ihm folgenden Forscher.

[2]) Vgl. G.Liedke, Rechtssätze (*WMANT* 39), 130ff. Der intergentale, Familiengrenzen überschreitende Tötungsfall wird in der Institution der Blutrache sanktioniert; s. 2 Sam 3,22f. u.ö.; vgl. dazu E.Merz, Blutrache

apodiktischen Recht ist im familiaren Rechtskreis in der Funktion begründet, als Grenzrecht überlebenswichtige Rechtsgüter der Familie, so den Schutz der Familienmitglieder vor Gewalt in der Familie, zu sichern. Die Sammlung Ex 21,18-32 zeigt noch den engen Zusammenhang mit dem aus der Familie kommenden apodiktischen Tötungsverbot in Ex 21,12. Ex 21,18 stellt in Abgrenzung (*wᵉhikkā 'îš 'aet re'ehû ... wᵉlo' jamût*) einen Ex 21,12 (*măqqē 'îš wamet môt jûmat*) zitierenden Zusammenhang her. Die Sammlung der Körperverletzungsfälle in Ex 21,18-32 will Rechtsprobleme im Anschluß an Ex 21,12 regeln. Nicht geregelt ist im apodiktischen Todesrecht der Fall der Tötung von Frau, Kind oder Sklave. Ex 21,18-32 stellt auch diese Personen unter den Schutz der Todessanktion und weitet mit der Überführung in das kasuistische Recht der lokalen Rechtsgemeinschaft diesen ursprünglich innerhalb der Familie wirksamen Sanktionsschutz auf bislang nicht geschützte Personengruppen aus. Auch bedarf die Frage der Regelung, wie zu verfahren ist, wenn ein Mann einen anderen schlägt, ihn verletzt, aber im Gegensatz zu Ex 21,12 nicht tötet (Ex 21,18f.). Im Falle der Körperverletzung ohne Todesfolge besteht auch Regelbedarf bei Verletzung von Frauen, Kindern und Sklaven.
Schließlich ergeben sich Sonderfälle wie die Fehlgeburt einer Schwangeren als Folge von Körperverletzung (Ex 21,22f.)[1] oder die Frage der Verant-

---

(*BWA [N]T* 20), 81ff.; vgl. auch J.Chelhod, Droit (*1971*), 265ff.

[1]) Der Fall der Fehlgeburt aufgrund der Körperverletzung einer Schwangeren wird in einem eigenen Rechtssatz thematisiert, weil dieser Fall nicht in Analogie zu Ex 21,18f. durch Ersatz von Heilungskosten und -zeit zu lösen ist. Es bedarf also keineswegs der These, dieser Rechtssatz sei nicht aus altisraelitischer Rechtspraxis ableitbar, sondern stamme aus gelehrter Diskussion im Keilschriftrecht (s. UM-55-21-71 §§ 4-6(7); YOS 1,28 §§ 1; 2; CH §§ 209-214; mass.K. §§ 21; 50-52; heth.K. §§ 17; 18); so J.J.Finkelstein, Ox (*TAPhS* 71), 19 Anm.11; dagegen G.R.Driver/J.C.Miles, Babylonian Laws, Bd.1 ([2]*1956*), 415f.

wortung des Tierhalters eines stößigen Rindes, das einen Menschen tötet (Ex 21,28-32). Auch in diesem Falle wird geklärt, ob bei Tötung von Mann, Frau, Kind oder Sklave in Analogie (Ex 21,29.31) oder Abgrenzung (Ex 21,32) der Rechtsfolgen zu verfahren ist. Die Sammlung Ex 21,18-32 ist also durchgängig von der Intention, zivilrechtliche Ersatzleistung und strafrechtliche Todessanktion voneinander abzugrenzen, bestimmt und schließt damit Lücken, die das apodiktische Tötungsverbot offen läßt. Der kräftige Einschlag der Thematik der Todessanktion in die altisraelitischen Rechtssätze zur Körperverletzung erklärt sich also eher aus der Weiterarbeit am apodiktischen Tötungsverbot in Ex 21,12 als aus einem Einfluß altisraelitischer Schöpfungstheologie und darin begründeter Anthropologie auf das Recht Altisraels[1].

Die Intention des Redaktors, Todesrecht und Ersatzleistungsrecht abzugrenzen, die in CE §§ 53-58 nur am Rande erscheint, bestimmt umfassend die Struktur der redaktionellen Anordnung der Rechtssätze in der altisraelitischen Rechtssammlung. Die Rechtssätze werden auf die "talionische Regel"(Ex 21,23b-25) bezogen und erhalten durch sie eine integrierende Mitte. Die Todessanktion (Ex 21,23b) wird auf die Körperverletzung eines Sklaven mit unmittelbarer Todesfolge, einer israelitischen Frau in jedem Falle der Todesfolge (Ex 21,23) und die von einem Tierhalter zu verantwortende Tötung freier Israeliten, Mann, Frau oder Kind, ausgedehnt. Alle anderen Fälle fallen unter das Ersatzrecht. Die so gesonderten Fälle des Zivil- und Strafrechts werden vom Redaktor in einem alternierenden A-B-Schema (Ex 21,18f.22.26f.28.32: Zivilrecht/ Ex 21,20.23-25.29.[30].31: Strafrecht) angeordnet. Mit dieser Strukturierung der Sammlung durch eine zentrierende Mitte ist eine nur topische, auf den jeweiligen Fall

---

[1]) Gegen M.Greenberg, S.M.Paul, J.J.Finkelstein u.a.

bezogene Auslegung des je einzelnen Rechtssatzes überwunden zugunsten einer Interpretation als Teil des Ganzen der Sammlung.

Konsequente alternierende Strukturierung einer ganzen Sammlung, Bindung an einen zentrierenden, die Systematik tragenden Rechtssatz als Mitte der Sammlung und chiastische Anordnung von Rechtssätzen sind Redaktionsverfahren, die der Integration ausdifferenzierter Rechte dienen und im altbabylonischen Recht keine Entsprechung haben. Mangel an Fähigkeit der altbabylonischen Redaktoren zur Systematisierung ist angesichts der hochkomplexen Redaktionsstrukturen im altbabylonischen Kodex Ešnunna die wohl unwahrscheinlichste Erklärung[1].

4.4. Die sklavenrechtlichen Bestimmungen in CE §§ 49-52

In die ursprünglich selbständige Sammlung der Körperverletzungsfälle in CE §§ 42-48;53-58 fügt der Redaktor des Kodex Ešnunna mit CE §§ 49-52 eine Reihe von sklavenrechtlichen Bestimmungen ein.

Text

CE § 49: B iv 4-5

šumma awīlum ina wardim šarqim amtim šariqtim

ittaṣbat wardum wardam amtum amtam iredde

CE § 50: A iv 1-7; B iv 6-10

šumma šakkanakkum šāpir nārim bēl têrtim mala ibaššû

wardam ḫalqam amtam ḫaliqtam alpam ḫalqam imēram ḫalqam

---

[1]) S. unten § 5.

ša ekallim ū muškēnim iṣbat=ma ana Ešnunna lā irdiam=ma
ina bīti=šu=ma lā iktala ūmī eli warḫim ištēn
ušēteq=ma ekallum šurqam itti=šu itawwi

CE § 51: A iv 7-9; B iv 11-13
wardum ū amtum ša Ešnunna
ša kannam maškanam ū abbuttam šaknu
abul Ešnunna balum bēli=šu ul uṣṣi

CE § 52: A iv 10-12; B iv 14-16
wardum ū amtum ša itti mār šiprim naṣru=ma abul Ešnunna
īterbam
kannam maškanam ū abbuttam iššakkan=ma ana bēli=šu naṣer

Übersetzung

CE § 49

Wenn ein *awīlum* mit einem gestohlenen Sklaven (oder) einer gestohlenen Sklavin ergriffen wird, soll ein Sklave einen Sklaven, eine Sklavin eine Sklavin zusätzlich bringen[A].

CE § 50

Wenn ein Statthalter[B], ein Flußkommandant (?)[C] oder sonst irgendein Beauftragter[D] einen entlaufenen Sklaven, eine entlaufene Sklavin, ein entlaufenes Rind, einen entlaufenen Esel des Palastes oder eines *muškēnum* ergreift und nicht nach Ešnunna zurückbringt, sondern in seinem Haus festhält, die Tage über einen Monat verstreichen läßt[E], wird der Palast mit ihm über Diebstahl sprechen[F].

CE § 51

Ein Sklave oder eine Sklavin Ešnunnas, die mit einem *kannum*[G], *maš-kanum*[H] oder *abbuttum*[I] versehen sind, dürfen ohne ihren Herrn nicht aus dem Tor hinausgehen.

CE § 52

Ein Sklave oder eine Sklavin, die von einem Boten[J] bewacht werden und in das Tor von Ešnunna hineingehen, werden mit einem *kannum*, *maškanum* oder *abbuttum* versehen und sind für ihren Herrn geschützt.

A) So mit W.v.Soden, Beiträge (*ArOr* 17/2), 372; ders., Neubearbeitungen (*OLZ* 53), 521; E.Szlechter, Lois (*1954*), 29; ders., Lois (*RIDA* 3/25), 141; J.Bottéro, Antiquités (*AEPHE.HP* 98), 95; R.Yaron, Laws (*1969*), 45; E.Bouzon, Leis (*1981*), 132; anders A.Goetze (Laws [*AASOR* 31], 124.130), der *warad warad amat amat i-re-ed-de* "he shall surrender slave for slave (and) slave girl for slave girl" liest. Zu *i-re-ed-de(>redûm* G) s. *AHw* 965b.

B) zu *šakkanakku(m)*/ GÌR.NITÁ s. *AHw* 1140a ("Statthalter"), vgl. A.Walther, Gerichtswesen (*LSSt* VI 4-6), 127f.

C) Zu *šāpir nārim* s. *AHw* 1172b.1173a ("Flußkommandant [?]"); vgl. A.Walther, Gerichtswesen (*LSSt* VI 4-6), 143f.

D) Zu *bēl têrtim* s. *AHw* 1350b ("Beauftragter"/"Komissär"); A.Goetze, Laws (*AASOR* 31), 127 ("general term, or it might refer to a special branch of government, either of a judicial or a religious character").

E) Zu *u₄-mi e-li* ITU 1 KAM *ú-še-te-eq-ma* s. *AHw* 262b ("die Tage über einen Monat verstreichen lassen"); *CAD* E 392a ("for more than one month"); E.Szlechter,Interprétation (*RIDA* 3/17), 85; ders., Lois (*RIDA* 3/25), 142 ("laisser passer des jours audelà d'un mois"); E.Bouzon, Leis (*1981*), 134 Anm.569; 135 ("dias acima de um mês deixou passar, i.e.: mais de um mês"); anders A.Goetze, Laws (*AASOR* 31), 124f. ("if he let pass seven days in a month"); so auch E.Szlechter, Lois (*1954*), 30.

F) *itti X awûm (ītawwu* Gt; aB Prs) s. *AHw* 91b ("der Palast *šurqam ittī-šu i-ta-wu* spricht mit ihm über Diebstahl"); vgl. auch *CAD* A/2 87a ("the palace will arraign him for theft").

G) Zur Diskussion der Bedeutung *kannum, maškanum, abbuttum* s. *AHw* 5b.6a; 438a; 627a; vgl. auch P.Koschaker, Studien (*1917*), 201ff.; M.David, Adoption (*LRWS* 23), 48ff.; F.R.Kraus, Physionomatik (*Or* [N.S.],16), 180ff.; E.Szlechter, Explication (*ArOr* 17/2), 409ff.; G.R.Driver/J.C.Miles, Laws, Bd.1(²*1956*), 306f.; A.Goetze, Laws (*AASOR* 31), 128f.; R.Yaron, Laws (*1969*), 101f. bes. Anm.91; W.H.Bicksler, Slavery Documents (*Ph. D. Diss. Brandeis University 1973*), 221; E.Bouzon, Leis (*1981*), 136f.; G.Dosch, Graphem (*1987*) 83ff. mit Anm.34 (*abbuttum*: "Haarschopf/-zopf").

H) Zu *ū* ("oder") s. W.v.Soden, Beiträge (*ArOr* 17/2), 372f.; E.Szlechter, Explication (*ArOr* 17/2), 410; anders A.Goetze, Laws (*AASOR* 31), 125f.; R.Yaron, Laws (*1969*), 47.

I) S. *AHw* 1476a; *CAD* A/2 359a.

J) Zu *mār šiprim* s. *AHw* 616a ("Bote,Gesandter"); J.C.Miles/O.R.Gurney, Laws (*ArOr* 17/2), 187 ("official messenger"); E.Szlechter, Explication

(*ArOr* 17/2), 410 ("messager ou même un simple commissionaire"); A.Goetze, Laws (*AASOR* 31), 129 ("envoy or ambassador"); so auch E.Bouzon, Leis (*1981*), 138 ("enviado, embaixador").

Die Rechtssätze CE §§ 49-52 sind durch *wardum ū amtum* (B iv 4.5/ A iv 3.4; B iv 7/ A iv 7; B iv 11/ A iv 10; B iv 14) zu einer sklavenrechtlichen Reihe zusammengefaßt. Innerhalb dieser Reihe bilden CE §§ 49; 50 und CE §§ 51; 52 eine Einheit. Die Rechtssätze CE §§ 49; 50 werden durch die Verben *ṣabātum* (B iv 5 *ittaṣbat/ A iv 5; B iv 8 iṣbat=ma*) und das im Kodex Ešnunna außerhalb von CE §§ 49; 50 nur in den Tarifbestimmungen CE § 3(A i 23); § 4(A i 24); § 10(A i 35) belegte Verb *redum* (B iv 5 *irrede*/ A iv 5; B iv 9 *irdiam=ma*) zusammengebunden. Die Rechtssätze CE §§ 51; 52 sind durch die nur hier belegten Leitworte *kannum maškanum ū abbuttum* (A iv 8; B iv 11/ A iv 12; B iv 15.16) verklammert. Von den mit konditionaler Partikel eröffneten kasuistischen Rechtssätzen sind CE §§ 51; 52 auch formgeschichtlich durch die Eröffnung mit *x ša* abgehoben[1].

CE §§ 49; 50 behandelt Fälle entlaufener und gestohlener Sklaven. Der Fall des Privatsklaven, der von einem *awīlum* aufgegriffen wird, ist in der Rechtsfolge von dem Fall eines *wardum ša ekallim ū muškēnim*, der von einem Beamten (*šakkanakkum šāpir nārim bēl têrtim*) aufgegriffen wird, abgegrenzt. Wird der *awīlum* mit dem geflohenen Sklaven angetrof-

[1]) Auf unterschiedliche "Quellen" (so R.Yaron, Laws [*1969*], 70f.) sollte man daraus nicht schließen; vgl. dazu auch B.S.Jackson, Legal Drafting (*Mélanges M.-H.Prévost*), 50.56ff. Zur Frage des rechtshistorischen Verhältnisses von konditional eröffneten Rechtssätzen zu den mit einem Relativsatz beginnenden Rechtssätzen s. H.Petschow, Stilformen (*ZSS* 82), 24ff.; S.Segert, Legal Sentences (*WZKM* 68), 139; vgl. auch D.Daube, Legislation (*1956*), 6ff.

fen, so wird das duplum fällig[1]. Die darin implizierte Sanktion soll die Verpflichtung des *awīlum* durchsetzen, einen geflohenen Sklaven sofort zurückzubringen[2]. CE § 50 räumt den Beamten eine Frist zur Rückgabe ein. Bei Überschreiten der Frist erhebt der Palast Anklage wegen Diebstahls[3]. Im Falle der Überschreitung der Frist muß der Beschuldigte mit einem Verfahren wegen Diebstahls rechnen, das eine höhere Sanktion als das duplum zur Folge hat. Um diese Abgrenzung geht es dem Redaktor in der Verbindung von CE § 49 mit CE § 50. Der Fall CE § 50 soll nicht in Analogie zu CE § 49 entschieden werden und umgekehrt.

CE §§ 51; 52 wird durch die Eröffnung mit *x ša* von CE §§ 49; 50 gesondert und CE §§ 51; 52 mit CE § 59 durch *kannum maškanum ū abbuttum* verknüpft. Wie R.Yaron[4] vermutet, hat CE § 51 seinen ursprünglichen "Sitz im Leben" in der Anweisung an die Wachen des Stadttores, gekennzeichnete Sklaven nicht ohne Begleitung passieren zu lassen. Geht es in CE § 51 um den einheimischen Sklaven, der nicht ohne Kennzeichen und Aufsicht die Stadt verlassen soll, so in CE § 52 um den fremden Sklaven, der in die Stadt kommt und durch Kennzeichnung vor Zugriff gesichert werden soll.

---

[1]) S. E.Bouzon, Leis (*1981*), 132.

[2]) Je länger der *awīlum* die Rückgabe hinauszögert, um so größer wird das Risiko. Fehlt in CE § 49 eine Fristangabe, so kann dies die Forderung der sofortigen Rückgabe meinen.

[3]) Vgl. CE § 40(A iii 29/ B iii 13 *šarraq*); R.Yaron, Laws (*1969*), 172; I.Cardellini, "Sklaven"-Gesetze (*BBB* 55), 48; NBC 8273 deutet auf eine finanzielle Sanktion; anders CH § 16.

[4]) S. Laws (*1969*), 102f.; so auch I.Cardellini "Sklaven"-Gesetze (*BBB* 55), 49.

Die formgeschichtliche Differenz zwischen CE §§ 49; 50 und CE §§ 51; 52 sowie das Fehlen einer Strukturverbindung zwischen diesen Rechtssatzgruppen sollte davon abhalten, CE §§ 51; 52 mit E.Szlechter[1] als unmittelbare Fortsetzung von CE § 50 *wardum ū amtum ... īterbam* auf einheimische Sklaven und *kannum maškanum ū abbuttum* als Strafmaßnahme zu interpretieren[2]. Die Redaktionsstruktur der Rechtssätze gibt Hinweis auf die rechtssatzübergreifenden Verbindungen, die in die Interpretation des je einzelnen Rechtssatzes einzubeziehen sind, und zeigt die Abgrenzungen an, die auch Grenzen der rechtssatzübergreifenden Interpretation sind.

Ehe die Frage nach der redaktionellen Intention bei der Verbindung der sklavenrechtlichen Bestimmungen (CE §§ 49-52) mit der Sammlung der Körperverletzungsfälle (CE §§ 42-48; 53-58) gestellt wird, sind die den Kodex Ešnunna abschließenden Rechtssätze CE §§ 59(60) auf ihre der Redaktion vorgegebene Rechtsintention hin zu befragen.

4.5. Die Rechtssätze CE §§ 59; 60

Da die Rekonstruktion des Textes und die Abgrenzung von CE §§ 59; 60 angesichts des Zustandes der Tafel A besonders schwierig ist, wird der Transkription eine Transliteration vorangestellt mit den Ergänzungen B.Landsbergers (*BL*), die die Diskussion nachhaltig beeinflußten.

---

[1]) S. Lois (*1954*), 40; ders., Lois (*RIDA* 3/25), 203: "Les art. 51 et 52 prévoient les sanctions à l'encontre des esclaves fugitifs. D'après l'art. 50,le palais pouvait poursuivre les esclaves qui s'étaient enfuis hors des frontières d'Ešnunna".

[2]) S. dagegen R.Yaron, Laws (*1969*), 102f.

Text

RS IV 29 šum-ma LÚ DUMU.MEŠ wu-ul-lu-ud-ma DAM-su

30 i-zi-im-ma [ša] -ni-tam i-ta-ḫa-az

31 i-na É ù ma-l[a i-b]a-šu-ú in-na-sà-aḫ-ma

32 wa-ar-ki ša ⌈x x x⌉ it-ta-la-ak

33 [x (x)] x É te-ḫu-ut LÚ na- ⌈ṣa⌉ -ru?

(BL [DA]M-sú É te-re-de š[um-m]a LÚ.EN.NUN)

34 [É i-na n]a-ṣa-ri-im i- ⌈x⌉ -ma ⌈x x x x⌉

(BL i-gu-ma pa-al-li-šu)

35] ⌈LÚ⌉ x x [x] ⌈x x x x x⌉

(BL [É ip-lu-uš] LÚ.EN.NUN.É ša ip-pa-al-šu)

36 (-)]bi-šu ba-lum [x x x] šu/ma

(BL [xxx i-du]-uk-ku ba-lum [qa]-ab-ri-šu)

37]x-ši-im qa- ⌈x⌉ -ir

(BL [i-na pa-ní p]-il-ši-im iq-qa-bi-ir)

CE § 59: A iv 29-32

šumma awīlum mārī wullud=ma aššas=su īzim=ma šanītam

ītaḫaz

ina bītim ū mala ibaššû innassaḫ=ma warki ša[ ] ittalak

CE § 60: A iv 33-37

š[umma] maṣṣārum [ ]

Übersetzung

CE § 59

Wenn ein *awīlum*, nachdem er Kinder gezeugt hat, seine Frau verläßt, eine andere nimmt, soll er aus dem Haus und allem, was vorhanden ist, herausgerissen werden[A] [ ][B] und darnach fortgehen[C].

CE § 60

Wenn ein Wächter... [D]

A) R.S.Falkowitz (Paragraph 59[*RA* 72], 79) liest in A iv 31: *i-na É ù ma-a-[k-ku-r] i šu-ú in-na-sa-aḫ-ma* "the restoration *ma-a[k-ku-r]i* is possible on the basis of traces in Goetze's copy. It would be somewhat cramped for space". Der sachliche Gehalt fließt in die Ergänzung von Z.32 (A.Goetze) ein.

B) *ša x x x it-ta-la-ak;* A.Goetze hat in der editio princeps ([*Sumer* 4], 90f.) die Lücke noch nicht mit einer Rekonstruktion gefüllt; anders ders., Laws (*AASOR* 31), 142.144f.: *i-ma-[aḫ-ḫa-ru]-šu (>maḫārum)* ("he shall be expelled from [his] house and whatever [property] there is and he will go after him who will accept him").
W.v.Soden, Beiträge (*ArOr* 17/2), 373; ders., Neubearbeitungen (*OLZ* 53), 522; *AHw* 955; R.Yaron, Mishaps (*JSS* 8), 15; ders., Laws (*1969*), 144; R.Haase, Rechtssammlungen ([2]*1979*), 25f.; R.Borger, *TUAT* I/1, 38; vgl. auch E. Lipiński, Divorce (*Jewish Law Ann.4*), 24 Anm.59; E.Bouzon, Leis (*1981*), 168: *warki ša i-r[a!-am!-m]u!-šu (>ramum)* "... der (Frau) nach, die er liebt, wird er fortgehen" (W.v.Soden).
P.Koschaker (Interpretation [*JCS* 5], 112f.) und R.Yaron (a.a.O.) folgen dieser von W.v.Soden vorgeschlagenen Erklärung, interpretieren sie aber anders: "nach demjenigen (Manne), der sie (*ši*) liebt (besser 'erwählt', noch besser futurisch 'erwählen wird'), wird sie gehen". (Zur Diskussion dieses Vorschlags [F.M.Th.de Liagre-Böhl; M.David] s. a.a.O., 112 Anm.24a).

J.J.Finkelstein, Studies (*JAOS* 90), 255; R.S.Falkowitz, Paragraph 59 (*RA* 72), 79f.: *ša i[ra-am-mu]ma*; M.San Nicolò, Bilalama (*Or* [N.S.]18), 260: *i-ḫ [u-uz-z]u*; J.C.Miles/O.R.Gurney, Laws (*ArOr* 17/2), 188: *i-t[a-aḫ-z]u*; B.Landsberger, Jungfräulichkeit (*FS M.David*), 102: *i-iḫ[ḫa-zu]-ma (>aḫazum)*; E.Szlechter, Lois (*1954*), 33.58f.; ders., Lois (*RIDA* 3/25), 147.159f.: *i-r[a-a] š-š[u-]ú (>rašûm)*.
Angesichts der Mehrdeutigkeit in der Bestimmung des jeweiligen Subjekts in der Apodosis (s. den Überblick über die Möglichkeiten bei R.Yaron, Laws [*1969*], 139ff.) ist eine Ergänzung der Lücke *ša x x x it-ta-la-ak* nicht über den Begründungsgrad einer Möglichkeit hinauszuheben.

C) B.Landsbergers Rekonstruktion (Jungfräulichkeit [*FS M.David*], 102f.) eines Nachsatzes É (*=bītam) te-re-de* ist nicht überzeugend, da hier *te-* das einzige Mal in diesem Text als Präfix für die 3.f.sg. stehen würde (Hinweis meiner Mitarbeiterin Frau Dr.G.Mauer); die Annahme eines Assyriasmus (R.S.Falkowitz, Paragraph 59 [*RA* 72], 80; R.Westbrook, Marriage Law [*Ph. D. Diss. Yale 1982*], Bd.1, 57) ist nicht durchschlagend.

D) Eine Rekonstruktion von CE § 60 bleibt ein hypothetisches Unterfangen; vgl. zu B.Landsbergers Rekonstruktionsversuch (Jungfräulichkeit [*FS M.David*], 102f.) die kritische Bemerkung von J.J.Finkelstein (Studies [*JAOS* 90], 255): "Landsberger's restoration of § 60 is a tour-de-force, considering the state of preservation of the text at this point and accepts Goetze's general understanding of the import of the rule, while filling in the language necessary to support it".
W.v.Soden (Beiträge [*ArOr* 17/2], 373) gefolgt von E.Szlechter (Lois [*1954*], 33; anders ders., Lois [*RIDA* 3/25], 147 stärker B.Landsberger folgend) rekonstruiert den Text in folgender Weise:
'33 *[šum-ma] bitum te-u5-ut [...]awīlim*

'34 *[a?-na? na?]-ṣa-ri-im i-ge?-ma*

"[Wenn] ein Haus der Unterhalt [...] eines Bürgers ist

... [beim] Bewachen nachlässig ist und ..."

A.Goetze, Laws (*AASOR* 31), 146:

'33 [*šumma] bîtam te-ḫu-ut awīlim na-za-ru?*

'34 [*iz-zu-ur-ma a-na na] -za-ri-im i-gi? ma x x x*

'35 [...] *x x x*

'36 [...] *bi-šu ba-lum [...] -šu*

'37 [...] *x-ši-im qa?-bi?-ir*

"[If] a guard [guards] a house (which is) a man's livelihood [but] is negligent in guarding it and [the house is broken into], [the guard will be killed], [and ...]...unceremoniously [in front of the bre]ach, he will be buried".

B.Landsbergers Rekonstruktion und Übersetzung (Jungfräulichkeit [*FS M.David*], 103f.) wird von E.Bouzon (Leis [*1981*], 152f.168) und R.Borger (*TUAT* I/1, 38) übernommen (Text s.o.):

"Wenn ein Wächter beim Bewachen eines Hauses nachlässig ist und ein Einbrecher in das Haus einbricht, so wird man den Wächter des Hauses, in das eingebrochen wurde, [ohne Prozeßverfahren], hinrichten. Man wird ihn, ohne ein Grab für ihn zu graben, gegenüber der Einbruchstelle begraben".

CE § 59 regelt die eigentumsrechtliche Abwicklung der Scheidung eines verheirateten Mannes von seiner Frau, mit der er Kinder hat, und seine Wiederverheiratung. Daß die Ehefrau auch Mutter ist, deutet darauf hin, daß es in der Apodosis des Rechtssatzes nicht um die Sicherung der Rechte des Mannes auf seinen Besitz, sondern um den Schutz der Frau und vor allem der Kinder aus erster Ehe geht[1]. Als weiteres Merkmal steht in der Protasis die Wiederverheiratung des geschiedenen Mannes. Die Funktion dieser Bestimmung bleibt unklar, wenn in CE § 59 nicht eine eigentumsrechtliche Regelung, sondern eine Strafrechtsbestimmung gesehen wird. CE § 59 zielt darauf zu klären, wem im Falle einer Scheidung Haus und Vermögen zufallen sollen: Sollen sie bei der Frau und damit den Kindern aus dieser Verbindung oder beim Manne verbleiben und also im Erbgang den Kindern der neuen Verbindung zufallen?[2] Das Motiv der Vaterschaft hat nicht nur die Funktion, die Rechtsstellung der geschiedenen Frau als Mutter zu umreißen, sondern zielt auf die Kinder aus der ersten Ehe: Um ihre eigentumsrechtliche Sicherung geht es. In diesem Zusammenhang gewinnt auch das Motiv der Wiederverheiratung seine Bedeutung. Nur in diesem Falle kann eine Konkurrenz von Ansprüchen der Kinder aus erster Ehe mit denen aus zweiter Ehe entstehen. Der Konflikt wird zugunsten der Kinder aus erster Ehe entschieden[3]. Man kann also CE § 59 nur als *lex imperfecta* deuten, wenn man den Rechtssatz als Strafrechtsbestimmung interpretiert. CE § 59 will nicht die Illegalität von Scheidungen unter den angegebenen Bedingungen

---

[1]) A.Goetze, Laws (*AASOR* 31), 145: "The main purpose of marriage is the perpetuation of the family. To a wife who fulfils this purpose the law accords special protection"; s. auch jüngst J.Klíma, Règlement (*FS K.Oberhuber*), 114.

[2]) S. dazu R.Westbrook, Marriage Law (*Ph. D. Diss. Yale 1982*), Bd.2, 206: "By this ruling, the inheritance of the children of the first marriage is preserved intact, and their mother gains the matrimonial home in which she can continue to raise them".

[3]) Die Wiederverheiratung ist also nicht ein "culpable act" (so R.Yaron, Laws [*1969*], 138). Unter strafrechtlicher Perspektive kann R.Yaron dann nur die Überflüssigkeit des Motivs der Wiederverheiratung konstatieren.

festschreiben[1]. Es geht jenseits aller strafrechtlichen Gesichtspunkte um die eigentumsrechtlichen Folgeprobleme einer Scheidung.

Aus *warki... ittalak* ist weiterhin nicht auf eine "Freizügigkeit" zu schließen[2]. Vielmehr geht es um ein zeitliches Nacheinander. Erst wenn die eigentumsrechtlichen Konsequenzen aus der Scheidung gezogen sind, geht der Mann ("darnach[3] ...geht er fort"[4])[5].

CE § 60 dürfte einen Fall aus der Bewachung eines Hauses behandeln. Es ist aber offen, ob es dabei um die Nachlässigkeit eines Wächters geht, was zu vermuten ist[6]. Vor allem aber ist angesichts des desolaten Texterhalts nicht zu klären, ob es unter der Voraussetzung dieser

---

[1]) So A.Goetze, Laws (*AASOR* 31), 146: "The divorce was willful and illegal, therefore unvalid"; s.dagegen R.Yaron, Laws (*1969*), 138 ("the section says nothing about illegality").

[2]) S. P.Koschaker, Interpretation (*JCS* 5), 104ff.; R.Yaron, Laws (*1969*), 144: "the final clause, *warki ... ittallak*, lays down a grant of 'Freizügigkeit', that is to say of a woman's power to go and to be married to whomsoever she pleases".

[3]) Vgl. *AHw* 1470a.b.

[4]) In der Gt-Form (*ittalak*) hat das Verb *alāku(m)* separative Bedeutung ("er geht fort"); s. *GAG* § 92e; vgl. zu dieser Form CT 45, 86 2.33; dazu K.R.Veenhof, Marriage (*RA* 70), 156f.162.

[5]) In CH §§ 137; 138 sind die Akzente nicht zuletzt mit der Sonderung des Falls der kinderlosen Ehefrau auf die Sicherung der Geschiedenen verlagert; vgl. dazu A.v.Praag, Droit matrimonial (*1945*), 193ff.

[6]) S. W.v.Soden, Beiträge (*ArOr* 17/2), 373.

Annahme um eine eigentumsrechtliche Ersatzleistung oder eine strafrechtliche, gar todesrechtliche Sanktion der Nachlässigkeit geht[1].

4.6. Die Redaktion von CE §§ 36-59(60)

Die redaktionelle Anordnung der Rechtssätze in CE §§ 36-59(60) hat in der bisherigen Forschung keine befriedigende Erklärung gefunden. So herrscht der Eindruck eher unsystematischer Verbindung von Rechtssätzen unterschiedlicher Thematik vor. Insbesondere die Unterbrechung der Körperverletzungsfälle in CE §§ 42-48; 53-58 durch die sklavenrechtlichen Bestimmungen in CE §§ 49-52 und die isolierte, von den eherechtlichen Bestimmungen in CE §§ 17-28 getrennte Stellung von CE § 59 hat den Eindruck einer unsystematischen, ja fehlerhaften Redaktion vermittelt. J.Bottéro[2] interpretiert die Stellung von CE §§ 49-52 zwischen CE §§ 42-48; 53-58 als Unterbrechung "sans rime ni raison". CE § 59 sei besser hinter CE § 30 einzuordnen. Aus einem nicht mehr zu rekonstruierenden Grund habe CE §§ 59; 60 im Korpus der Gesetzessammlung keinen Platz mehr gefunden und sei an das Ende gestellt worden. "La difficulté est seulement de savoir si ces 'fautes' sont inputables à des *copistes* (erreurs ou omissions) ou à des *éditeurs* (maladresses de mise en ordre,

---

1) Die Verhängung der Todessanktion für Fahrlässigkeit, aus der der Tod eines Menschen resultiert, wird in CE § 58 als Besonderheit eines *ṣimdat šarrim* behandelt. Daß in CE § 60 die Säumigkeit eines Wächters,die zu Eigentumseinbußen führt, eine gar noch verschärfte Todessanktion nach sich zieht, sollte nicht auf der Basis eines weitgehend zerstörten Textes postuliert werden; s.auch den Überblick über die im Keilschriftrecht mit der Todesstrafe sanktionierten Fälle bei R.Haase, Strafen (*RIDA* 3/10), 55-75.

2) Antiquités (*AEPHE.HP* 98),101.

ou additions successives à un texte donné)". Ähnlich sieht R.Yaron[1] CE §§ 49-52 "rather oddly placed, between bodily injuries (42 to 47, followed by sec. 48, on jurisdiction) and damage caused by dangerous animals etc.(53 to 58)". CE § 59 sei Zusatz zum Korpus der Gesetzessammlung[2]. H.Petschow[3] hat den Versuch unternommen, auch für CE §§ 36-59(60) die These der unsystematischen Anordnung der Rechtssätze zu überwinden und Ordnungsgesichtspunkte des Redaktors zu rekonstruieren. Die Rechtssätze CE §§ 36-41 seien unter dem Aspekt des "Vertragsrechts" zusammengefaßt worden, während die Rechtssätze CE §§ 42-58 in Abgrenzung von CE §§ 36-41 gerade dadurch eine Einheit bilden, daß sie "nicht im Zusammenhang mit Verträgen stehende 'unerlaubte Handlungen' zusammenfassen". Daß für die Definition dessen, was unter einer "unerlaubten Handlung" zu verstehen sei, das deutsche "Bürgerliche Gesetzbuch" bemüht werden muß[4], weckt Zweifel, ob damit rechtshistorisch adäquat die Redaktionsintention von CE §§ 42-58 getroffen wurde[5]. Vor allem aber ist weder CE §§ 51; 52 noch CE §§ 59(60) unter die Kategorie der "unerlaubten Handlungen" zu subsumieren. So muß H.Petschow[6] zu der These

---

1) Laws (*1969*), 54.

2) S. a.a.O.,57. So auch V.Korošec, Keilschriftrecht (*HO* I/3), 86; E.Bouzon, Leis (*1981*), 32.

3) Systematik (*FS M.David*), 139ff.

4) A.a.O., 140 Anm.1.

5) Dieser Vorbehalt gilt auch für die Gliederung von CE §§ 42-58, die H.Petschow (a.a.O.[*FS M.David*], 141) unter Hinweis auf BGB §§ 823; 833ff. als "sachgerecht" kennzeichnet. Die "Sachgerechtigkeit" ist aus der Analyse der Redaktion zu erweisen.

6) A.a.O. (*FS M.David*), 140 gefolgt von I.Cardellini, "Sklaven"-Gesetze (*BBB* 55), 48f.

greifen, die Rechtssätze CE §§ 51; 52 seien durch "Attraktion" an CE § 50 in diesen Zusammenhang geraten. CE § 59 schließlich sei in keinerlei sachlichen Zusammenhang zu den "unerlaubten Handlungen" zu bringen und also "systemloser Nachtrag", der sachlich eher im Anschluß an CE § 30 zu erwarten wäre[1].

Dieser Diskussionsstand erfordert, auch für CE §§ 36-59(60) die redaktionsgeschichtliche Fragestellung wieder aufzunehmen. Die Analyse der Rechtssätze zu den Körperverletzungsfällen mit und ohne Todesfolge in CE §§ 42-48; 53-58 hat Anhalt dafür ergeben, daß diese Rechtssätze bereits vor Aufnahme in den Kodex Ešnunna in einer selbständigen Sammlung mit eigenständiger Redaktionsstruktur zusammengefaßt wurden. Was also hat den Redaktor des Kodex Ešnunna bewogen, in die Rechtssätze der Körperverletzungsfälle die sklavenrechtlichen Bestimmungen in CE §§ 49-52 einzufügen, denen es um eigentumsrechtliche Sicherungen geht? Rechtssätze dieser Thematik rahmen auch die Gesetze der Körperverletzungsfälle. Die Rechtssätze CE §§ 36; 37 sichern das Eigentum des Depositors am Depositum unter Ausgrenzung der Fälle höherer Gewalt bei Verlust des Depositums aus der Hand des Depositars. Die Rechtssätze CE §§ 39; 40 schützen durch die Institution der "Lösung" die Bindung der Familie an ihren (Grund-)Besitz. Die Rechtssätze CE §§ 40; 41 fügen dem spezielle Fälle des Kaufens und Verkaufens hinzu. CE § 40 fordert die rechtliche Sicherung des Kaufs. CE § 41 will eine Übervorteilung verhindern. Die Rechtssätze in CE §§ 36-41 werden also durch das ihnen gemeinsame Bemühen des Eigentumsschutzes zusammengefaßt. Gerade um diesen Aspekt geht es auch in CE § 59. Dieser Rechtssatz will für den Fall der Scheidung eigentumsrechtlich die Existenz der Frau und vor allem

---

[1]) H.Petschow, a.a.O. (*FS M.David*), 141f.

der Kinder aus erster Ehe sichern. So ergibt sich ein klar strukturierter Aufbau der Redaktion der Rechtssätze in CE §§ 36-59(60):

A: CE §§ 36-41	*Rechtssätze zur Sicherung von Eigentum*
B: CE §§ 42-48	Rechtssätze zu Körperverletzungsfällen
A: CE §§ 49-52	*Rechtssätze zur Sicherung von Eigentum*
B: CE §§ 53-58	Rechtssätze zu Körperverletzungsfällen
A: CE §§ 59(60)	*Rechtssätze zur Sicherung von Eigentum*

Durch die alternierende Anordnung in einem A-B-Schema werden Rechtssätze unterschiedlicher Themenbereiche zusammengefaßt. Diese Technik dient der Redaktion größerer Rechtssatzgruppen und bindet Rechtssätze unterschiedlicher Rechtsthematik zusammen. Die dem Redaktor des Kodex Ešnunna vorgegebene Sammlung der Körperverletzungsfälle in CE §§ 42-48; 53-58 zeigt Ansätze dieser Redaktionstechnik und verdeutlicht ihren Ursprung. In CE §§ 54/55; 56/57 werden jeweils Fälle des Sklavenrechts von den entsprechenden, den freien Bürger betreffenden Fällen abgegrenzt, so daß sich die Anordnung in einem A-B-Schema ergibt:

A: CE § 54	Rechtssatz, den freien Bürger betreffend
B: CE § 55	*Rechtssatz des Sklavenrechts*
A: CE § 56	Rechtssatz, den freien Bürger betreffend
B: CE § 57	*Rechtssatz des Sklavenrechts*

Mit der Funktion der Zusammenfassung ist spiegelbildlich auch die Funktion der Abgrenzung der ausdifferenzierten Rechtssätze verbunden. Darin ist diese Redaktionstechnik der alternierenden Anordnung an die weithin belegte Zusammenstellung von Rechtssätzen im Schema von Fall und Gegenfall[1] zurückgebunden.

5. Rechtssystematik im altbabylonischen Kodex Ešnunna und im altisraelitischen "Bundesbuch"

Die Redaktionstechnik der Zusammenfassung unterschiedlicher Rechtssätze in einem alternierenden A-B-Schema ist auch den altisraelitischen Rechtsüberlieferungen nicht fremd. In der Sammlung der *j^e^šällem* - Gesetze in Ex 21,33-22,14 sind zivilrechtliche Ersatzleistungsbestimmungen und strafrechtliche Sanktionsbestimmungen alternierend angeordnet[2]:

A: Ex 21,33-36	einfache Ersatzleistung
B: Ex 21,37-22,4	*Sanktion (der mehrfachen Ersatzleistung)*
A: Ex 22,4.5	einfache Ersatzleistung
B: Ex 22,6-8	*Sanktion (der mehrfachen Ersatzleistung)*
A: Ex 22,9-14	einfache Ersatzleistung

Durch die Anordnung im A-B-Schema werden Sätze des kasuistischen Sanktionsrechts, das sich aus dem Ersatzleistungsrecht ausdifferenziert hat[3], mit diesem zusammengebunden und so die ausdifferenzierten Rechte

[1]) S. zum Schema von Fall und Gegenfall H.Petschow, Systematik (*ZA* 57), 171 mit Anm.148; ders., Systematik (*FS M.David*), 142 Anm.5; C.Locher, Ehre (*OBO* 70), 110ff.; zum altisraelitischen Recht s. G.Liedke, Rechtssätze (*WMANT* 39), 33.

[2]) S. Verf., Rechtsbegründungen (*StudBibl* 3), 13f.

[3]) S. Verf., Rechtsbegründungen (*StudBibl* 3), 61ff.

redaktionell wieder zusammengefaßt. Die ursprünglich selbständige Sammlung der Körperverletzungsfälle in Ex 21,18-32 ist ebenfalls im alternierenden A-B-Schema redigiert worden und bindet gegeneinander abgegrenzte Rechtssätze des Rechts der Freien und Sklaven sowie Rechtssätze des Ersatzleistungs- und Todesrechts zusammen.
Nicht nur diese Sammlung kasuistisch formulierter Rechtssätze, sondern auch die kleine Sammlung "apodiktischen" Rechts in Ex 21,12-17 ist im alternierenden A-B-Schema redigiert worden um Rechtssätze des innergentalen und des daraus ausdifferenzierten intergentalen Rechts zusammenzufassen[1].:

A: Ex 21,12-14	intergentales Recht
B: Ex 21,15	*innergentales Recht*
A: Ex 21,16	intergentales Recht
B: Ex 21,17	*innergentales Recht*

Die Redaktionstechnik der alternierenden Anordnung von Rechtssätzen im altisraelitischen "Bundesbuch" hat gegenüber dem Kodex Ešnunna an Bedeutung gewonnen. Im Gegensatz zum Kodex Ešnunna sind im "Bundesbuch" ganze Sammlungen im A-B-Schema redigiert worden, wobei sich unterschiedliche Anordnungsgesichtspunkte überlagern können.

Die Ausdifferenzierung von Rechtssätzen unterschiedlicher Rechtsfunktionen setzt die Gegenbewegung der Systematisierung und Rationali-

---

[1]) S. Verf., Rechtsbegründungen (*StudBibl* 3), 31f.

sierung[1] ausdifferenzierter Rechte aus sich heraus. Die im altisraelitischen Recht des "Bundesbuches" im Gegensatz zum altbabylonischen Kodex Ešnunna weiter entwickelte Verwendung dieser Redaktionstechnik ist darin begründet, daß das altisraelitische Recht komplexer und in seinen Funktionen ausdifferenzierter ist als das altbabylonische Keilschriftrecht des Kodex Ešnunna. Daraus resultiert die Notwendigkeit, Redaktionstechniken der Systematisierung und Zusammenfassung der ausdifferenzierten Rechte auszubilden[2]. Das altbabylonische Recht des Kodex Ešnunna kennt nicht die Redaktionstechnik der Zusammenfassung einer Rechtssammlung durch den Bezug der einzelnen Rechtssätze auf einen allgemeinen, die konkreten Fälle umgreifenden Rechtssatz (Ex 21,23b-25; 22,8) als systematisierende Mitte einer Sammlung von Rechtssätzen. Dieses Redaktionsverfahren ist in der altisraelitischen Sammlung der Körperverletzungsfälle (Ex 21,18-32) und des Depositenrechts (Ex 22,6-14) angewendet worden.

Im altbabylonischen Kodex Ešnunna ist auch nicht die Redaktionstechnik der chiastischen Anordung von Rechtssätzen, die aus der auch im Kodex Ešnunna belegten Inklusionstechnik entstanden ist, verwendet worden. Diese im Bundesbuch für die Redaktion der Prozeßrechtssammlung Ex 23,

---

[1]) Zu dem im Anschluß an M.Weber gebrauchten Begriff der Rationalisierung in der Rechtsgeschichte s. F.Hilterhaus, Rechtsbegriff (*Diss. iur. Köln 1965*), 32ff.

[2]) Vgl. dazu Verf., Rechtsbegründungen (*StudBibl* 3), 61ff.; ders., Rechtssystematik (*UF* 19), 14ff.; zu den historisch - gesellschaftlichen Bedingungen des Differenzierungsprozesses des Rechts im antiken Israel s. Verf., Recht (*Osnabrücker Hochschulschr.Schriftenreihe d.FB 3*, Bd.9), 135; ders., Interdependenzen (*Rechtshist.Journal* 7),(im Druck); zu den sozialhistorischen Implikationen dieses Prozesses vgl. auch Verf., Sozialgeschichte (*BN* 15), 87ff.; ders., Sozialhistorische Grundsatz- und Einzelprobleme (*BN* 23), 63ff.; ders., Art. *'ir* (*ThWAT* VI), 1987, 55ff.

1-3.6-8[1], der Sammlungen Ex 21,2-22,26*/ 22,28-23,12 sowie des "Bundesbuches" in seiner Endgestalt verwendete Technik eignet sich besonders für die Redaktion umfangreicherer Sammlungen[2].

Diese Besonderheiten altisraelitischer Redaktionstechnik ruhen aber auf einem hohen Maße an Gemeinsamkeiten mit altbabylonischer Redaktion von Rechtssätzen auf. Im Kodex Ešnunna und "Bundesbuches" soll durch die

---

1) S. dazu Verf., Rechtsbegründungen (*StudBibl* 3), 47ff. Einer Umstellung von Ex 23,8 vor Ex 23,7 (so J.Halbe, Privilegrecht [*FRLANT* 114], 430ff.; ders., Gemeinschaft [*BEThL* 68], 64f.) kann ich nicht zustimmen. Zur Interpretation von Ex 23,4f. als einer von der Prozeßrechtssammlung gerahmten Ethos-Überlieferung s. H.B.Huffmon, Exodus 23,4-5 (*FS J.M.Myers*), 271ff.; B.Lang, Ortsgott (*ÄAT* 5), 271ff.; J.Halbe, Gemeinschaft (*BEThL* 68), 72f.; Verf., Recht (*Osnabrücker Hochschulschr. Schriftenreihe d. FB 3*, Bd.9), 147f.

2) Daß das höhere Maß der Rechtssystematik und Rationalisierung von Recht analog zu gesetzmäßig zu erfassender individualpsychologischer Entwicklung auf eine höhere Stufe kulturgeschichtlicher Entwicklung zurückzuführen sei (so B.S.Jackson, Drafting [*Mélanges à la mémoire de M.-H.Prévost*], 49-66), dürfte angesichts des hohen Standards altbabylonischer Geistesbeschäftigung, die der altisraelitischen nicht nachsteht, ebenso unwahrscheinlich sein, wie M.Webers These (Religionssoziologie, Bd.1 [[7]*1978*], 2ff.), das Maß der Rationalisierung des Rechts sei in ökonomischen Bedürfnissen einer Gesellschaft begründet. Das höhere Maß funktionaler Ausdifferenzierung des altisraelitischen Rechts als im altbabylonischen Recht ist darin begründet, daß das altisraelitische Recht nicht geschlossen staatliches Recht ist, sondern Rechte mehrerer gesellschaftlicher Ebenen wie Familie, Ortsgemeinschaft, Sakralgemeinschaft und ansatzweise des Staates miteinander verzahnt sind; s. dazu Verf., Interdependenzen (*Rechtshist. Journal* 7),(im Druck); vgl. auch G.C.Macholz, Gerichtsverfassung (*ZAW* 84), 157-182; ders., Justizorganisation (*ZAW* 84), 321-340; K.W.Whitelam, Just King (*JSOT.S* 12); R.R.Wilson, System (*JQR* 74), 229-248; ders., Authority (*FS G.Mendenhall*), 59-75; H.Niehr, Gerichtsorganisation (*BZ* 31), 206-227. Die Systematisierungstendenz im altisraelitischen Recht ist also kaum aus einem Eindringen von Sätzen eines "abstrakten Sittengesetzes" in das Recht zu erklären , so K.R.Sauber, Abstraktion (*1953*), 71: "Die abstrakten Sittengebote werden zu abstrakten Rechtsregeln. In engem Zusammenhang damit erhält das israelitische Recht auch sein erstes System".

redaktionelle Zusammenstellung von Rechtssätzen analoger Rechtsfälle Anleitung zum Verfahren des Analogieschlusses im Rechtsentscheid gegeben werden. Dazu gehört auch die Abgrenzung von Fällen, die einige Merkmale in den Protasen gemeinsam haben, aber in den Rechtsfolgen unterschiedlich behandelt werden sollen[1]. Die Redaktionen im altbabylonischen und altisraelitischen Recht erfordern eine den einzelnen Rechtssatz übergreifende, den Kontext einbeziehende Interpretation der Rechtssätze. Durch die Technik der Querverweise, besonders in CE §§ 26-28 und Ex 21, 18-32; 22,6-14 wird zu einer den einzelnen Rechtssatz nicht nur auf ein konkretes Fallbild beziehenden Interpretation angeleitet, sondern zu einem Verständnis, das den Rechtssatz als Teil des Ganzen einer Sammlung begreift. So wird zu einer wechselseitigen Auslegung der Rechtssätze als Übertragung der Regelung des einen Rechtsfalles im Analogieschluß auf einen anderen angeleitet.

Die Analyse der Redaktionen im Kodex Ešnunna und im "Bundesbuch" gibt der Frage nach der Funktion dieser Rechtskorpora neue Impulse. Sie sind weder Gesetzesbücher unmittelbar angewandter Normen positiven Rechts im Rechtsentscheid[2], noch gelehrte Werke fern einer rechtspraktischen

---

[1]) Ein Vergleich mit der Methode der "fingierenden Subsumtion" des altrömischen Rechts (s. dazu D.Nörr, Interdependenz [*Rechtshist.Journal* 6],bes. 105f.) dürfte lohnend sein; zu den methodischen Problemen derartiger Rechtsvergleiche s. J.G.Lautner, Rechtsgeschichtliche Forschung (*ZvR* 47), 27ff.; G.Hamza, Rechte der Antike (*AJASH* 20), 365ff. (Lit.).

[2]) S. zur Diskussion der Funktion keilschriftlicher Rechtssammlungen die Thesen der Rechtshistoriker E.Szlechter, Lois (*RIDA* 3/12), 55ff.; J.Klíma, Gesetze (*FS K.Engisch*), 17ff.;ders., Perspective historique (*CRAI* 1972), 279ff.; H.Petschow, Bodenpachtrecht (*ZA* 74), 181ff. sowie die Thesen der Keilschriftkundler B.Landsberger, Termini (*FS P.Koschaker*), 219ff.; F.R.Kraus, Problem (*Genava* [N.S.]8), 283ff.;ders., Verfügungen (*SDIO* 11), 114ff.(seine ältere These modifizierend); J.J.Finkelstein, Edikt (*JCS* 15),

Funktion im Rechtsentscheidungsprozeß, sondern Lehrbücher[1], die für den Rechtsentscheid schulen wollen, indem sie in das Verfahren der Entscheidung insbesondere im Analogieschluß einüben[2]. Sie zeigen auf, wo ein Rechtsentscheid im Analogieschluß möglich und wo Abgrenzung notwendig ist. Nicht nur der je einzelne Rechtssatz, sondern der Rechtssatz im Kontext der Redaktion der Sammlung sollte zukünftig Thema der rechtshistorischen und rechtsvergleichenden Analyse sein. Wird die redaktionsgeschichtliche Analyse in die rechtshistorische Interpretation miteinbezogen, so zeigt sich, daß die Redaktionen im altbabylonischen

---

91ff.; ders., Copy (*JCS* 21), 39ff.; ders., Studie (*JAOS* 90), 443ff.; J.Renger, Stele (*WO* 8), 228ff.; M.T.Roth, Scholastic Tradition (*Ph. D. Diss. Univers. of Pennsylvania 1979*), 9ff.

[1]) Zum "Sitz im Leben" des Kodex Ešnunna in der Schreibergelehrsamkeit s. M.T.Roth, Scholastic Tradition (*Ph.D.Diss.Univers.of Pennsylvania 1979*), 9ff.; B.Eichler, Literary Structure (*AOS* 67), 81ff.; Verf., Rechtssystematik (*UF* 19), 24ff.; die Tafeln A/B des Kodex Ešnunna sind Schülerabschriften der Rechtssammlung; vgl. G.Mauer, Schreiberübung (*BN* 41), (im Druck).

[2]) Die überlieferungsgeschichtliche Analyse des "Bundesbuches" macht auch deutlich, daß bereits die dem vordtr "Bundesbuch" vorgegebenen, ursprünglich selbständigen Rechtssammlungen mit einer Integration theologischer Normenbegründungen aus dem Rechtskontext ausgewandert sind; s. Verf., Rechtsbegründungen (*StudBibl* 3), 69ff.; Recht (*Osnabrücker Hochschulschr. Schriftenreihe d. FB 3*, Bd.9), 135ff.; diesen Prozeß der Integration von Rechtsnormen in kultischen Kontext zeigen die Psalmen 15 und 24; s. zur Analyse S.Ö.Steingrimsson, Gerechtigkeit (*ATSAT* 22); W.Beyerlin, Heilsordnung (*BThSt* 9); zur Kritik an den literarischen Zergliederungen von Ps 15 und 24 in diesen Monographien s. Verf., Ethos (*ZAW* 98),161ff. (insbes. 172 Anm.32); ders., Rechtsbegründungen (*StudBibl* 3), 89 Anm.161; Eine Frühdatierung von Ps 15; 24 in die vorstaatliche Zeit Israels (so D.Dombkowski-Hopkins, Psalm 15 [*Ph. D. Diss. Vanderbilt University 1984*], 308ff.) kann schon aufgrund der in diese Psalmen integrierten Jerusalemer Schöpfungstheologie nicht überzeugen; s. dazu J.Valentine, Temple Motif (*Ph. D. Diss. Boston University 1985*), 99ff.; Verf., Ethos (*ZAW* 98), 174ff.; ders.Art. *ṣijjôn*, *ThWAT* VII, (im Druck).

Kodex Ešnunna im Gegensatz zu denen im altisraelitischen "Bundesbuch" primär an der Einübung in den Rechtsentscheid und im Gegensatz zum "Bundesbuch" nur in ersten Ansätzen an der Zusammenfassung ausdifferenzierter Rechte orientiert sind. Wie komplex und differenziert aber die Redaktionsverfahren in diesem altbabylonischen Rechtskorpus sind, hat die Analyse deutlich gemacht. Die These vom unsystematischen Charakter dieser Rechtssatzsammlung ist endgültig überholt. Es bedarf nur des richtigen Schlüssels zum Verständnis ihrer spezifisch lehrhaften Intention. In den altbabylonischen und altisraelitischen Rechtsüberlieferungen wird eine weithin entsprechend verfahrende, nur aufgrund unterschiedlicher Ausdifferenzierung von Recht Akzente anders setzende, hoch entwickelte antike Rechtsgelehrsamkeit erkennbar.

F.N.H.Al-Rawi, Assault and Battery, *Sumer* 38, 1982, 117-120

A.Alt, Die Ursprünge des israelitischen Rechts (1934), *KlSchr.*1, München 1953, 278-332

F.I.Andersen, The Sentence in Biblical Hebrew, Den Haag 1974 (=²1980)

B.Baentsch, Das Bundesbuch, Halle 1892

--,Exodus-Leviticus, *HAT* I 2.1, Göttingen 1903

S.H.Bess, Systems of Land Tenure in Ancient Israel, *Ph.D.Diss. University of Michigan*, Chicago 1963

W.Beyerlin, Weisheitlich-kultische Heilsordnung. Studien zu Psalm 15, *BThSt* 9, Neukirchen 1985

K.-M.Beyse, Art.*kᵉlî*, *ThWAT* IV, 1984, 179-185

W.H.Bicksler, Slavery Documents of Old Babylonia, *Ph.D.Diss. Brandeis University*, Waltham/Mass. 1973

H.J.Boecker, Redeformen des Rechtslebens im Alten Testament, *WMANT* 14, Neukirchen ²1970

--,Recht und Gesetz im Alten Testament und im Alten Orient, *NStB* 10, Neukirchen ²1984

R.Borger, Handbuch der Keilschriftliteratur, Bd.1, Berlin 1967; Bd.2/3, 1975

--,Babylonisch-Assyrische Lesestücke, *AnOr* 54, Rom ²1980 (*BAL*)

-- u.a., Rechtsbücher, *TUAT* I/1, Gütersloh 1982

J.Bottéro, Antiquités assyro-babyloniennes, *AEPHE.HP* 98, Paris 1965/66, 89-111; *AEPHE.HP* 99, Paris 1966/67, 81-106

--,Le "Code" de Ḫammu-rabi, *ASNSP.L* 3.Ser. 12/2, Pisa 1982, 409-444

E.Bouzon, As Leis de Eshunnna. Introducao, texto cuneiforme em transcrição, tradução e comentários, *Textos clássicos do pensamento humano* 5, Petrópolis 1981

C.Boyer, Textes juridiques, *ARM* VIII, Paris 1958

--,De la science juridique et de sa méthode dans l'ancienne

Mésopotamie (1952), in: ders., Mélanges d'histoire du droit oriental, *Rec. de l'Acad. de Législation* 12, Toulouse 1965, 45-51

G.Cardascia, Le statut de l'étranger dans la Mésopotamie ancienne, *RSJB* 9/10, 1958, 105-117

--,Les Lois assyriennes. Introduction, traduction, commentaire, Paris 1969

--,Droits cunéiformes et droit biblique, *PWCJS* 6/1, Jerusalem 1977, 63-70

--,La place du talion dans l'histoire du droit pénal à la lumière des droits du Proche - Orient ancien, in: *Mélanges offerts à Jean Dauvillier*, Toulouse 1979, 169-183

I.Cardellini, Die biblischen "Sklaven"-Gesetze im Lichte des keilschriftlichen Sklavenrechts. Ein Beitrag zur Tradition, Überlieferung und Redaktion der alttestamentlichen Rechtssätze, *BBB* 55, Bonn 1981

H.Cazelles, Études sur le Code d'Alliance, Paris 1946

J.Chelhod, Le droit dans la société bedouine, Paris 1971

B.S.Childs, Exodus, *OLT*, London 1974

A.Cholewiński, Heiligkeitsgesetz und Deuteronomium. Eine vergleichende Studie, *AnBib* 66, Rom 1976

A.T.Clay, Miscellaneous Inscriptions of the Yale Collection, New Haven 1915

B.Cohen, Jewish and Roman Law. A Comparative Study, Bd.2, New York 1966

F.Crüsemann, "... und die Gesetze des Königs halten sie nicht" (Est 3,8). Widerstand und Recht im Alten Testament, *WuD* (N.F.) 17, 1983, 9-25

--,"Auge um Auge..." (Ex 21,24f.). Zum sozialgeschichtlichen Sinn des Talionsgesetzes im Bundesbuch, *EvTh* 47, 1987, 411-426

D.Daube, Studies in Biblical Law, Cambridge 1947

--,Forms of Roman Legislation, Oxford 1956

--,The Self-Understood in Legal History, *Juridical Review* 85, 1973, 126-134

M.David, Die Adoption im altbabylonischen Recht, *LRWS* 23, Leipzig 1927
--,Der Rechtshistoriker und seine Aufgabe, Leiden 1937
--,Een nieuw-ontdekte babylonische wet uit de tijd vóór Hammurabi, Leiden 1949
S.Dempster, The Deuteronomic Formula KÎ YIMMAṢE' in the Light of Biblical and Ancient Near Eastern Law. An Evaluation of David Daube's Theory, *RB* 91, 1984, 188-211
D.Dhanaraj, Theological Significance of the Motif of Enemies in Selected Psalms of Individual Lament, *Diss.phil. Universität Osnabrück*, 1988
J.J.A.v.Dijk, Neusumerische Gerichtsurkunden in Baghdad, *ZA* 55, 1962, 70-90
A.Dillmann/(R.Ryssel), Die Bücher Exodus und Leviticus, *KeH* XII, Leipzig ^{3}1897
D.Dombkowski-Hopkins, Psalm 15 and 24: The Moral Individual in the Religious Life of Early Israel, *Ph. D. Diss. Vanderbilt University*, Nashville 1984
G.Dosch, Ein neues Nuzi-Graphem für den Ausdruck *abbutta muššuru* und neue Gedanken zu den Strafklauseln, in: M.A.Morrison/D.I.Owen (Hg.), Studies on the Civilization and Culture of Nuzi and the Hurrians, Bd.2, Winona Lake 1987, 77-87
G.Dossin, Sur deux passages du Code de Hammurapi, *RA* 31, 1934, 87-96
G.R.Driver/J.C.Miles, The Babylonian Laws, Bd.1, Oxford ^{2}1956; Bd.2, Oxford 1955
H.v.Dyke Parunak, Oral Typesetting: Some Uses of Biblical Structure, *Bibl* 62, 1981, 153-168
B.L.Eichler, Literary Structure in the Laws of Eshnunna, in: F.Rochberg-Halton (Hg.), Language, Literature and History: Philological and Historical Studies Presented to E.Reiner, *AOS* 67, New Haven 1987, 71-84

K.Elliger, Leviticus, *HAT* I.4, Tübingen 1966

M.de J.Ellis, *ṣimdatu* in the Old Babylonian Sources, *JCS* 24, 1972, 74-82

Z.Falk, Rezension von R.Yaron, The Laws of Eshnunna (1969), *Bibl* 51, 1970, 130-133

R.S.Falkowitz, Paragraph 59 of the "Laws of Ešnunna", *RA* 72, 1978, 79f.

F.C.Fensham, New Light on Exodus 21,6 and 22,7 from the Laws of Eshnunna, *JBL* 78, 1959, 160f.

--,Exodus XXI 18-19 in the Light of Hittite Law § 10, *VT* 10, 1960, 333-335

--,Aspects of Family Law in the Covenant Code in the Light of Ancient Near Eastern Parallels, *Dine Israel* 1, 1969, V-XIX

--,Transgression and Penalty in the Book of the Covenant, *JNWSL* 5, 1977, 23-41

--,Das Nicht-Haftbar-Sein im Bundesbuch, *JNWSL* 7, 1980, 17-34

A.Finet, Le Code de Hammurapi. Introdruction, traduction et annotation, Paris ²1983

J.J.Finkelstein, Ammiṣaduqa's Edict and the Babylonian "Law Codes", *JCS* 15, 1961, 91-104

--,Sex Offenses in Sumerian Laws, *JAOS* 86, 1966, 355-372

--,A Late Old Babylonian Copy of the Laws of Hammurapi, *JCS* 21, 1967, 39-48

--,ana bīt emim šasū, *RA* 61, 1967, 127-136

--,On Some Recent Studies in Cuneiform Law, *JAOS* 90, 1970, 243-256

--,Some Historical Perspectives on Deodands, Forfeitures, Wrongful Death and the Western Notion of Sovereignty, *Temple Law Quat.* 46, 1973, 169-290

--,The West, the Bible and the Ancient East: Apperceptions and Categorisations, *Man* (N.S.) 9, 1974, 591-608

--,The Ox that Gored, *TAPhS* 71, 1981, 1-89

J.Friedrich, Hethitisches Wörterbuch. Kurzgefaßte kritische Sammlung der Deutungen hethitischer Wörter, Heidelberg 1952

T.S.Frymer-Kensky, "Tit for Tat": The Principle of Equal Retribution in Near Eastern and Biblical Law, *BA* 43, 1980, 230-234

C.J.Gadd, Two Sketches from the Life at Ur, *Iraq* 25, 1963, 177-188

I.Gelb, Old Akkadian Inscriptions in the Natural History Museum, Chicago 1955

G.Gerleman, Art. *š'l*, *ThHAT* II, 1976, 841-844

--,Art. *šlm*, *ThHAT* II, 1976, 919-935

E.Gerner, Zur Unterscheidbarkeit von Zivil- und Straftatbeständen im attischen Recht, *Diss.iur. München*, 1934

A.Goetze, The Laws of Eshnunna Discovered at Tell Harmal, *Sumer* 4, 1948, 63-91

--,The Laws of Eshnunna, *AASOR* 31, New Haven 1956

--,Fifty Old-Babylonian Letters from Harmal, *Sumer* 14, 1958, 1-24

M.Greenberg, Some Postulates of Biblical Criminal Law, in: M.Haran (Hg.), *Yehezkel Kaufmann Jubilee Vol.*, Jerusalem 1960, 5-28

S.Greengus, Old Babylonian Marriage Ceremonies and Rites, *JCS* 20, 1966, 55-72

--,Old Babylonian Tablets from Ishchali and Vicinity, *Publ. de l'Inst. hist. et arch. néerl. de Stamboul* 44, Istanbul/Leiden 1979

O.R.Gurney/J.C.Miles, The Laws of Eshnunna, *ArOr* 17/2, 1949, 174-188

R.Haase, Körperliche Strafen in den altorientalischen Rechtssammlungen. Ein Beitrag zum altorientalischen Strafrecht, *RIDA* 3/10, 1963, 55-75

--,Keilschriftliche Miszellen I: Šalamu im Kodex Hammurabi, *ZvR* 66, 1964, 178-183

--,Keilschriftliche Miszellen II, *ZvR* 67, 1965, 137-154

--,Leistungsstörungen im altorientalischen Verkehrsrecht, dargestellt an Hand der zeitgenössischen Rechtssammlungen, *ZvR* 67, 1965, 155-179

--,Einführung in das Studium keilschriftlicher Rechtsquellen, Wiesbaden 1965

--,Die keilschriftlichen Rechtssammlungen in deutscher Übersetzung, Wiesbaden [2]1979

J.Halbe, Das Privilegrecht Jahwes Ex 34, 10-26, *FRLANT* 114, Göttingen 1975

--,"Gemeinschaft, die Welt unterbricht". Grundfragen und -inhalte deuteronomischer Theologie und Überlieferungsbildung im Lichte der Ursprungsbedingungen alttestamentlichen Rechts, in: N.Lohfink (Hg.), Das Deuteronomium. Entstehung, Gestalt und Botschaft, *BEThL* 68, 1985, 53-75

G.Hamza, Römisches Recht kontra Recht der Antike. Möglichkeiten und Grenzen der Rechtsvergleichung, *Acta Juridica Scientiarum Hungaricae* 20, 1978, 365-384

M.Held, A Faithful Lover in an Old Babylonian Dialogue, *JCS* 15, 1961, 1-26; *JCS* 16, 1962, 37-39

F.Hilterhaus, Zum Rechtsbegriff in der Soziologie Max Webers, *Diss.iur. Köln,* 1965

H.A.Hoffner, Art.*bajit, ThWAT* I, 1973, 629-638

H.Holzinger, Exodus, *KHC* II, Freiburg 1900

F.Horst, Gottes Recht, *ThB* 12, München 1961

H.B.Huffmon, Exodus 23:4-5: A Comparative Study, in: H.N.Bream, A Light unto my Path, *FS J.M.Myers*, Philadelphia 1974, 271-278

K.-J.Illman, Art. *mût, ThWAT* IV, 1984, 768-786

B.S.Jackson, Evolution and Foreign Influence in Ancient Law, *AJCL* 16, 1968/69, 372-390

--,Theft in Early Jewish Law, Oxford 1972

--,Reflections on Biblical Criminal Law, in: ders., Essays in Jewish and Comparative Legal History, *SJLA* 10, Leiden 1975, 25-63

--,The Problem of Exodus 21:22-5 (Ius Talionis), in: ders., Essays in Jewish and Comparative Legal History, *SJLA* 10, Leiden 1975, 75-107

--,The Goring Ox, in: ders., Essays in Jewish and Comparative Legal History, *SJLA* 10, Leiden 1975, 108-152

--,Legal Drafting in the Ancient Near East in the Light of Modern Theories of Cognitive Development, in: M.Humbert (Hg.), *Mélanges à la mémoire de Marcel-Henri Prévost, Publ.de l'Univers. de Lille II-Droit et Santé*, Paris 1982, 49-66

--,The Ceremonial and the Judicial: Biblical Law as Sign and Symbol, *JSOT* 30, 1984, 25-50

B.Janowski, Sühne als Heilsgeschehen. Studien zur Sühnetheologie der Priesterschrift und zur Wurzel *KPR* im Alten Orient und im Alten Testament, *WMANT* 55, Neukirchen 1982

P.Jörs/W.Kunkel/L.Wenger, Römisches Privatrecht - Abriß des römischen Zivilprozeßrechts, Heidelberg 1949 (Nachdruck 1978)

H.Jüngling, "Auge für Auge, Zahn für Zahn". Bemerkungen zu Sinn und Geltung der alttestamentlichen Talionsformeln, *ThPH* 59, 1984, 1-38

D.Kellermann, Art. *'ašam*, *ThWAT* I, 1973, 463-472

--,Art. *gûr*, *ThWAT* I, 1973, 979-991

R.Kilian, Literarkritische und formgeschichtliche Untersuchung des Heiligkeitsgesetzes, *BBB* 19, Bonn 1963

B.Kienast, Die altbabylonischen Briefe und Urkunden aus Kisurra, Bd.1, *Freiburger Altorient. Stud.* 2, Wiesbaden 1978

H.Klengel, Einige Bemerkungen zur sozialökonomischen Entwicklung in der altbabylonischen Zeit, in: J.Harmatta/G.Komoróczy (Hg.), Wirtschaft und Gesellschaft im Alten Vorderasien, Budapest 1976, 249-257

J.Klíma, Au sujet de nouveaux textes juridiques de l'époque préhammurapienne, *ArOr* 17/2, 1949, 326-356

--,Einige Bemerkungen zur Regelung des Kaufes nach den vorhammurapischen Gesetzen, *RIDA (AHDO)* 2, 1953, 87-108

--,Einige Bemerkungen zum Sklavenrecht nach vorhammurapischen Gesetzesfragmenten, *ArOr* 21, 1953, 143-152

--,La perspective historique des lois Hammurabiennes, *CRAI* 1972, Paris 1977, 297-317

--,H.Petschow/G.Cardascia/V.Korošec, Art.Gesetze, *RLA* III, 1966, 243-297

--,Zu einigen Problemen der altmesopotamischen Gesetzgebung,*FS W.Eilers*, Wiesbaden 1967, 107-121

--,Landwirtschaftliche Regelungen in den vorḫammurapischen Gesetzen, *ArOr* 47, 1979, 21-32 (= *ZDMG.S* IV, 1980, 87)

--,Le règlement du mariage dans les lois babyloniennes anciennes, in: W.Meid/H.Trenkwalder, *FS K.Oberhuber*, *IBKW* 24, Innsbruck 1986, 109-121

E.Klingenberg, Das israelitische Zinsverbot in Thora, Mišnah und Talmud, *AAWLM.G*, Wiesbaden 1977

R.Knierim, Die Hauptbegriffe für Sünde im Alten Testament, Gütersloh 1965

--,Art. *paešaʿ*, *ThHAT* II, 1976, 488-495

K.Koch, Rezension von R.Knierim, Die Hauptbegriffe für Sünde im Alten Testament (1965), *ThLZ* 95, 1970, 654-656

--,Der Spruch "Sein Blut bleibe auf seinem Haupt" und die israelitische Auffassung vom vergossenen Blut, in: ders. (Hg.), Um das Prinzip der Vergeltung in Religion und Recht des Alten Testaments, *WdF* 125, Darmstadt 1972, 432-456

--,Art. Gesetz I. Altes Testament, *TRE* XIII, 1984, 40-52

L.Köhler, Zu Ex 22,8. Ein Beitrag zur Kenntnis des hebräischen Rechts, *ZAW* 46, 1928, 213-218

--,Die hebräische Rechtsgemeinde (1931), in: ders., Der hebräische Mensch, Darmstadt 1976, 143-171

V.Korošec, Le code d'Hammurabi et les droits antérieurs, *RIDA* 3/8, 1961, 11-27

--,Keilschriftrecht, in: Orientalisches Recht, *HO* I/3, Leiden 1964, 49-19.466-478

--,Einige Probleme zur Struktur der hethitischen Gesetze, in: J.Harmatta/ G.Komoróczy, Wirtschaft und Gesellschaft im Alten Vorderasien, Budapest 1976, 287-298

--,Die hethitischen Gesetze in ihren Wechselbeziehungen zu den Nachbarvölkern, in: H.-J.Nissen/J.Renger (Hg.), Mesopotamien und seine Nachbarn, *BBVO* 1, Berlin 1982, 295-310

P.Koschaker, Rechtsvergleichende Studien zur Gesetzgebung Hammurapis, Königs von Babylon, Leipzig 1917

--,Quellenkritische Untersuchungen zu den "altassyrischen Gesetzen", *MVAG* 26/3, Leipzig 1921

--,Keilschriftrecht, *ZDMG* 89, 1935, 1-39

--,Eheschließung und Kauf nach alten Rechten, mit besonderer Berücksichtigung der älteren Keilschriftrechte, *ArOr* 18/3, 1950, 210-296

--,Zur Interpretation des Art.59 des Codex Bilalama, *JCS* 5, 1951, 104-122

F.R.Kraus, Weitere Texte zur babylonischen Physionomatik, *Or* (N.S.) 16, 1947, 172-205

--,Ein Edikt des Königs Ammi-ṣaduqa von Babylonien, *SDIO* 5, Leiden 1958

--,Ein zentrales Problem des altmesopotamischen Rechtes: Was ist der Codex Hammu-rabi, *Genava* (N.S.) 8, 1960, 283-296

--,Vom mesopotamischen Menschen der altbabylonischen Zeit und seiner Welt, *MNAW.L* (N.S.) 36/6, Amsterdam 1973

--,Akkadische Wörter und Ausdrücke XII, *RA* 73, 1979, 51-62

--,Königliche Verfügungen in altbabylonischer Zeit, *SDIO* 11, Leiden 1984

J.Kühlewein, Art. *bá'al*, *ThHAT* I, 1971, 327-333

C.Kühne, Die Chronologie der internationalen Korrespondenz von El-Amarna, *AOAT* 17, Neukirchen 1973

H.J.Kugelmass, Lex Talionis in the Old Testament, *Ph.D.Diss. University of Montreal*, 1981

C.Kuhl, Die "Wiederaufnahme" - ein literarkritisches Prinzip?, *ZAW* 64, 1952, 1-11

W.G.Lambert, Babylonian Wisdom Literature, Oxford 1960

B.Landsberger, Die babylonischen Termini für Gesetz und Recht, in: Symbolae ad iura Orientis antiqui pertinentes. *FS P.Koschaker*, *SDIO* 2, Leiden 1939, 219-234

--,Jungfräulichkeit: Ein Beitrag zum Thema "Beilager und Eheschließung" - mit einem Anhang: Neue Lesungen und Deutungen im Gesetzbuch von Ešnunna, in: J.A.Ankum u.a.(Hg.), Symbolae iuridicae et historicae, *FS M.David*, Bd.2, *Jura Orientis Antiqui*, Leiden 1968, 41-105

B.Lang, Persönlicher Gott und Ortsgott. Über Elementarformen der Frömmigkeit im Alten Israel, in: M.Görg (Hg.), Fontes atque Pontes. *FS H.Brunner*, *ÄAT* 5, 1983, 271-301

K.Latte, Beiträge zum griechischen Strafrecht, in: E.Berneker (Hg.), Zur griechischen Rechtsgeschichte, *WdF* 45, 1968, 263-314

J.G.Lautner, Die Methoden einer antik- rechtsgeschichtlichen Forschung, *ZvR* 47, 1932/33, 27-76

--,Altbabylonische Personenmiete und Erntearbeiterverträge, Leiden 1936

F.M.Th.de Liagre-Böhl, Het akkadische wetboek van Bilalama konig van Esjunna, *JESHO* 11, 1949/50, 95-105

G.Liedke, Gestalt und Bezeichnung alttestamentlicher Rechtssätze. Eine formgeschichtlich-terminologische Studie, *WMANT* 39, Neukirchen 1971

E.Lipiński, The Wife's Right to Divorce in the Light of an Ancient Near Eastern Tradition, *Jewish Law Ann.* 4, 1981, 9-27
--,Art. *mkr, ThWAT* IV, 1984, 869-875
--,Art. *nāqam, ThWAT* V, 1986, 602-612
C.Locher, Wie einzigartig war das altisraelitische Recht?, *Jud* 38, 1982, 130-140
--,Deuteronomium 22,13-21: Vom Prozeßprotokoll zum kasuistischen Gesetz, in: N.Lohfink (Hg.), Das Deuteronomium. Entstehung, Gestalt und Botschaft, *BEThL* 68, Leuven 1985, 298-303
--,Die Ehre einer Frau in Israel. Exegetische und rechtsvergleichende Studien zu Deuteronomium 22,13-21, *OBO* 70, Fribourg/Göttingen 1986
S.E.Loewenstamm, *bqrt thjh, Shnaton* 3, 1978/79, 94-97
--,Review of A.Goetze, The Laws of Eshnunna, in: ders., Comparative Studies in Biblical and Ancient Oriental Literature, *AOAT* 204, Neukirchen 1980, 39-47
--,Review of R.Yaron, The Laws of Eshnunna, Jerusalem 1969, in: ders., Comparative Studies in Biblical and Ancient Oriental Literature, *AOAT* 204, Neukirchen 1980, 384-389
--,The Phrase X (or) X plus one in Biblical and Old Oriental Laws, in: ders., Comparative Studies in Biblical and Ancient Oriental Literature, *AOAT* 204, Neukirchen 1980, 443-444
--,Exodus 21:22-25, in: ders., Comparative Studies in Biblical and Ancient Oriental Literature, *AOAT* 204, Neukirchen 1980, 517-525
O.Loretz, Ex 21,6;22,8 und angebliche Nuzi-Parallelen, *Bibl* 41, 1960, 167-175
N.Luhmann, Ausdifferenzierungen des Rechts. Beiträge zur Rechtssoziologie und Rechtstheorie, Frankfurt/M. 1981
G.C.Macholz, Die Stellung des Königs in der israelitischen Gerichtsverfassung, *ZAW* 84, 1972, 157-182

--,Zur Geschichte der Justizorganisation in Juda, *ZAW* 84, 1972, 321-340

B.Margalit, Ugaritic Contributions to Hebrew Lexicography (with special reference to the poem of Aqht), *ZAW* 99, 1987, 391-404

R.Martin-Achard, La Loi, don de Dieu-aux sources de l'Ancien Testament, Aubonne 1987

H.P.Mathys, Liebe deinen Nächsten wie dich selbst. Untersuchungen zum alttestamentlichen Gebot der Nächstenliebe (Lev 19,18), *OBO* 71, Fribourg/Göttingen 1986

G.Mauer, Die "Gesetze" von Ešnunna - eine Schreiberübung, *BN* 41, 1988, (im Druck)

E.Merz, Die Blutrache bei den Israeliten, *BWA(N)T* 20, Leipzig 1916

J.Milgrom, The Legal Terms *ŠLM* and *BR'ŠW* in the Bible, *JNES* 35, 1976, 271-273

--,The Betrothed Slave-Girl. Lev 19,20-22, *ZAW* 89, 1977, 43-50

J.C.de Moore/M.J.Mulder, Art. *ba'al*, *ThWAT* I, 1973, 706-727

J.Morgenstern, The Book of the Covenant, *HUCA* 7, 1930, 19-258

M.Mühl, Untersuchungen zur altorientalischen und althellenischen Gesetzgebung, *KlioBeih.* 29, Berlin 1933

E.Neu, Ein althethitisches Gewitterritual, *StBoT* 12, Wiesbaden 1970

E.Neufeld, The Prohibitions against Loans at Interest in Ancient Hebrew Laws, *HUCA* 26, 1955, 355-412

--,Socio-Economic Background of *YŌBĒL* and *Šᵉ MIṬṬĀ*, *RSO* 33, 1958, 53-124

H.Niehr, Herrschen und Richten. Die Wurzel špṭ im Alten Orient und im Alten Testament, *FzB* 54, Würzburg 1986

--,Grundzüge der Forschung zur Gerichtsorganisation Israels, *BZ* 31, 1987, 206-227

D.Nörr, Studien zum Strafrecht im Kodex Hammurabi, *Diss.iur. München*, 1954

--,Zum Schuldgedanken im altbabylonischen Strafrecht, *ZSS* 75, 1958, 1-31
--,Zur Interdependenz von Prozeßrecht und materiellem Recht am Beispiel der lex Aquilia, *Rechtshistorisches Journal* 6, 1987, 99-116
R.North, Sociology of the Biblical Jubilee, *AnBib* 4, Rom 1954
M.Noth, Das zweite Buch Mose. Exodus, *ATD* 5, Göttingen ^{4}1968
E.Otto, Jakob in Bethel. Ein Beitrag zur Geschichte der Jakobüberlieferung, *ZAW* 88, 1976, 165-190
--,Jakob in Sichem. Überlieferungsgeschichte, archäologische und territorialgeschichtliche Studien zur Entstehungsgeschichte Israels, *BWANT* 110, Stuttgart 1979
--,Zur Stellung der Frau in den ältesten Rechtstexten des Alten Testamentes (Ex 20,14; 22,15f.), *ZEE* 26, 1982, 279-305
--,Sozialgeschichte Israels. Probleme und Perspektiven, *BN* 15, 1982, 87-92
--,Art. Feste und Feiertage II. Altes Testament, *TRE* XI, 1983, 96-106
--,Historisches Geschehen - Überlieferung - Erklärungsmodell. Sozialhistorische Grundsatz- und Einzelprobleme in der Geschichtsschreibung des frühen Israels - Eine Antwort auf N.P.Lemches Beitrag zur Diskussion um eine Sozialgeschichte Israels, *BN* 23, 1984, 63-80
--,Kultus und Ethos in Jerusalemer Theologie. Ein Beitrag zur theologischen Begründung der Ethik im Alten Testament, *ZAW* 98, 1986, 161-179
--,Art. *ʿîr*, *ThWAT* VI, 1987, 43-60
--,Sozial- und rechtshistorische Aspekte in der Ausdifferenzierung eines altisraelitischen Ethos aus dem Recht, *Osnabrücker Hochschulschriften. Schriftenreihe des FB 3,* Bd.9, Osnabrück 1987, 135-161
--,Wandel der Rechtsbegründungen in der Gesellschaftsgeschichte des antiken Israel. Eine Rechtsgeschichte des "Bundesbuches" Ex XX 22-XXIII 13, *Studia Biblica* 3, Leiden 1988
--,Rechtssystematik im altbabylonischen "Codex Ešnunna" und im altisraelitischen "Bundesbuch". Eine redaktionsgeschichtliche und rechtsver-

gleichende Analyse von CE §§ 17; 18; 22-28 und Ex 21,18-32; 22,6-14; 23,1-3.6-8, *UF* 19, 1988, 1-26

--,Die rechtshistorische Entwicklung des Depositenrechts in altorientalischen und altisraelitischen Rechtskorpora, *ZSS* 105, 1988 (1-31)

--,Interdependenzen zwischen Geschichte und Rechtsgeschichte des antiken Israels, *Rechtshistorisches Journal* 7, 1988 (im Druck)

--,Art. *pāsaḥ/paesaḥ*, *ThWAT* VI, 1988 (im Druck)

--,Art. *ṣijjôn*, *ThWAT* VII, 1988/89 (im Druck)

--,"Wir wollen den Wald und fürchten dennoch seine Geister". Beobachtungen zur Rezeption des Alten Testaments in Papua-Neuguinea, *Zeitschr. für Mission* 13/2, 1988 (im Druck)

D.Patrick, Old Testament Law, Atlanta 1985

S.M.Paul, Studies in the Book of the Covenant in the Light of Cuneiform and Biblical Law, *VTS* 18, Leiden 1970

J.Pedersen, Israel. Its Life and Culture, Bd.1/2-3/4, London/Kopenhagen 1926-1940 (Nachdruck 1963/64)

H.Petschow, Rezension von A.Goetze, The Laws of Eshnunna, 1956, *ZA* 54, 1961, 264-273

--,Zur Systematik und Gesetzestechnik im Codex Hammurabi, *ZA* 57, 1965, 146-172

--,Zu den Stilformen antiker Gesetze und Rechtssammlungen, *ZSS* 82, 1965, 24-38

--,Zur "Systematik" in den Gesetzen von Eschnunna, in: J.A.Ankum u.a. (Hg.), Symbolae iuridicae et historicae, *FS M.David*, Bd.2, *Jura Orientis Antiqui*, Leiden 1968, 131-143

--,Die §§ 45 und 46 des Codex Ḫammurapi. Ein Beitrag zum altbabylonischen Bodenpachtrecht und zum Problem: Was ist der Codex Ḫammurapi?, *ZA* 74, 1984, 181-212

A.Phillips, Ancient Israel's Criminal Law. A New Approach to the Decalogue, Oxford 1970
--,Another Look at Murder, *JSS* 28, 1978, 105-126
A.v.Praag, Droit matrimonial assyro-babylonien, *Archael.-Hist.Bijdragen. Allard Pierson Stichting* 12, Amsterdam 1948
W.Preiser, Zur rechtlichen Natur der altorientalischen "Gesetze", in: P.Bockelmann u.a.(Hg.), *FS K.Engisch*, Frankfurt/M. 1966, 17-36
M.-H.Prevost, A propos du talion, *Mélanges dédiés à la mémoire de J.Teneur*, Lille 1976, 619-629
J.M.Price, The Laws of Deposit in Early Babylonia and in the Old Testament, *JAOS* 47, 1927, 250-255
E.Pritsch, Besprechung von Driver and Miles, Babylonian Laws, Vol.I, *JCS* 10, 1956, 69-73
J.J.Rabinowitz, Sections 15-16 of the Laws of Eshnunna and Section 7 of the Code of Hammurabi, *BiOr* 16, 1959, 97
R.Rendtorff, Jakob in Bethel. Beobachtungen zum Aufbau und zur Quellenfrage in Gen 28,10-22, *ZAW* 94, 1982, 511-523
J.Renger, Flucht als soziales Problem in der altbabylonischen Gesellschaft, in: D.O.Edzard (Hg.), Gesellschaftsklassen im Alten Zweistromland und in den angrenzenden Gebieten, *ABAW. PH* (N.F.) 75, München 1972, 167-182
--,Hammurapis Stele "König der Gerechtigkeit". Zur Frage von Recht und Gesetz in der altbabylonischen Zeit, *WO* 8, 1976, 228-235
--,Wrongdoing and its Sanctions. On "Criminal" and "Civil" Law in the Old Babylonian Period, *JESHO* 20, 1977, 65-77
E.Ring, Israels Rechtsleben im Lichte der neuentdeckten assyrischen und hethitischen Gesetzesurkunden, Stockholm/Leipzig 1926
H.Ringgren, Art. *gā'al*, *ThWAT* I, 1973, 884-890.
O.Ritschl, System und systematische Methode in der Geschichte des

wissenschaftlichen Sprachgebrauchs und der philosophischen Methodologie, Bonn 1906

W.H.PH.Römer, Einige Bemerkungen zum altmesopotamischen Recht, sonderlich nach Quellen in sumerischer Sprache, *ZAW* 95, 1983, 319-336

B.L.Rosen, Some Notes on Eshnunna Law 20 and 21 and a Legal Reform in the Law of Hammurapi, *RA* 71, 1977, 35-38

M.T.Roth, Scholastic Tradition and Mesopotamian Law. A Study of FLP 1287, a Prism in the Collection of the Free Library of Philadelphia, *Ph.D.Diss. University of Pennsylvania*, Philadelphia 1979

U.Rüterswörden, Von der politischen Gemeinschaft zur Gemeinde. Studien zu Dt 16,18-18,22, *BBB* 65, Frankfurt 1987

M.San Nicolò, Beiträge zur Rechtsgeschichte im Bereiche der keilschriftlichen Rechtsquellen, *Instituttet for Sammenlignende Kulturforskning* Ser.A 13, Oslo 1931

--,Rechtsgeschichtliches zum Gesetz des Bilalama von Ešnunna, *Or* (N.S.)18, 1949, 258-262

--,/H.Petschow, Die Schlußklauseln der altbabylonischen Kauf- und Tauschverträge. Ein Beitrag zur Geschichte des Barkaufes, München ²1974

C.Saporetti, Le leggi della mesopotamia, *Studi e manuali di archeologia* 2, Florenz 1984

K.R.Sauber, Die Abstraktion im israelitischen Recht, Göttingen 1953

H.Sauren, Der internationale Handel, sein Recht im Kodex Hammurabi, *ZSS* 100, 1983, 46-79

--,Le mariage selon le code d'Eshnunna, *RIDA* 3/33, 1986, 45-86

R.Schnur (Hg.),Institution und Recht, Darmstadt 1968

M.Schorr, Urkunden des altbabylonischen Zivil- und Prozeßrechts, *VAB* 5, Leipzig 1913 (Nachdruck 1971)

W.Schottroff, Zum alttestamentlichen Recht, *VuF* 22, 1977, 3-29

H.Schulz, Das Todesrecht im Alten Testament. Studien zur Rechtsform der Mot-Jumat-Sätze, *BZAW* 114, Berlin 1969

L.Schwienhorst, Rezension von C.Locher, Die Ehre einer Frau in Israel (1986), *ThRev* 83, 1987, 276-278

H.Seebaß, Art. *naepaeš*, *ThWAT* V, 1986, 531-555

S.Segert, Genres of Ancient Israelite Legal Sentences: 1934 and 1974, *WZKM* 68, 1976, 131-142

A.v.Selms, The Goring Ox in Babylonian and Biblical Law, *ArOr* 18, 1950, 321-330

U.Sick, Die Tötung eines Menschen und ihre Ahndung in den keilschriftlichen Rechtssammlungen unter Berücksichtigung rechtsvergleichender Aspekte, *Diss.iur. Tübingen*, 1984

S.D.Simmons, Early Babylonian Tablets from Ḫarmal, *JCS* 13, 1959, 71f.-105f.; *JCS* 14, 1960, 23f.49f.75f.117f.; *JCS* 15, 1961, 49f.81f.

A.J.Skaist, Studies in Ancient Mesopotamian Family Law Pertaining to Marriage and Divorce, *Ph.D.Diss. University of Pennsylvania*, Philadelphia 1963

W.v.Soden, Kleine Beiträge zum Verständnis der Gesetze Ḫammurabis und Bilalamas, *ArOr* 17/2, 1949, 359-373

--,Rezension von E.Szlechter, Les Lois d'Esnunna..., *BiOr* 13, 1956, 32-34

--,Neubearbeitungen der babylonischen Gesetzessammlungen, *OLZ* 53, 1958, 517-527

--,Grundriß der akkadischen Grammatik, *AnOr* 33/47, Rom ^{2}1969 (*GAG*)

--,Einführung in die Altorientalistik, Darmstadt 1985

J.J.Stamm, Die akkadische Namensgebung, *MVÄG* 44, Leipzig 1939 (Nachdruck 1969)

S.Ö.Steingrimmson, Tor der Gerechtigkeit. Eine literaturwissenschaftliche Untersuchung der sogenannten Einzugsliturgien im AT: Ps 15; 24,3-5 und Jes 33,14-16, *ATSAT* 22, St.Ottilien 1984

M.Stol, Een Babyloniër maakt schulden, Amsterdam 1983

G.L.Syambwa, African Hermeneutics of the Old Testament - A Comparison of Hebrew Law and African Traditional Law, *theol. Magisterschrift Hamburg*, 1983

E.Szlechter, Essai d'explication des clauses: *muttatam gullubu, abbutta šakânum* et *abbuttam gullubu, ArOr* 17/2, 1949, 391-418

--,Les Lois d'Eshnunna. Transcription - Traduction et Commentaire, *Publ.de l'Inst. de Droit Roman de l'Université de Paris* XII, Paris 1954

--,La saisie illégale dans les lois d'Ešnunna et dans le code de Hammurabi, in: *Studi in onore di Pietro de Francisci*, Bd.1, Mailand 1956, 273-281

--,La peine capitale en droit babylonien, *Studi in onore di Emilio Betti*, Bd.4, Mailand 1962, 145-178

--,Effets de la capitivité en droit Assyro-Babylonien, *RA* 57, 1964, 23-35

--,La "loi" dans la Mésopotamie ancienne, *RIDA* 3/12, 1965, 55-77

--,L'interprétation des lois babyloniennes, *RIDA* 3/17, 1970, 81-115

--,Les lois d'Eshnunna, *RIDA* 3/25, 1978, 109-219

R.Taubenschlag, Keilschriftrecht im Rechte der Papyri der römischen und byzantinischen Zeit, in: ders., Opera Minora, Bd.1, Warschau 1959, 461-476

A.Tosato, Il matrimonio israelitico. Una teoria generale, *AnBib* 100, Rom 1982

J.Valentine, Theological Aspects of the Temple Motif in the Old Testament and Revelation, *Ph.D.Diss. Boston University*, Boston 1985

K.R.Veenhof, The Dissolution of an Old Babylonian Marriage according to CT 45,86, *RA* 70, 1976, 153-164

S.Wagner, Art. *māṣā'*, *ThWAT* IV, 1984, 1043-1063

V.Wagner, Zur Systematik in dem Codex Exodus 21,2-22,16, *ZAW* 81, 1969, 176-182

A.Walther, Das altbabylonische Gerichtswesen, *LSSt* VI 4-6, Leipzig 1917
G.Wanke, Art.Bundesbuch, *TRE* VII, 1981, 412-415
M.Weber, Gesammelte Aufsätze zur Religionssoziologie, Bd.1, Tübingen [7]1978
R.Westbrook, Redemption of Land, *Israel Law Rev.* 6, 1971, 367-375
--/**C.Wilcke**, The Liability of an Innocent Purchaser of Stolen Goods in Early Mesopotamian Law, *AfO* 25, 1974-77, 111-121
--,Old Babylonian Marriage Law, *Ph.D.Diss. Yale University*, Bd.1/2, New Haven 1982
--,Biblical and Cuneiform Law Codes, *RB* 92, 1985, 247-264
--,Lex talionis and Exodus 21,22-25, *RB* 93, 1986, 52-69
F.Wieacker, Zum heutigen Stand der Rezeptionsforschung, in: E.Fries (Hg.), *FS J.Klein*, Göttingen 1967, 181-201
K.W.Whitelam, The Just King. Monarchical Judicial Authority in Ancient Israel, *JSOT.S* 12, Sheffield 1979
R.R.Wilson, Israel's Judicial System in the Preexilic Period, *JQR* 74, 1983, 229-248
--,Enforcing the Covenant: The Mechanism of Judicial Authority in Early Israel, in: H.B.Huffmon u.a. (Hg.), The Quest for the Kingdom of God, *FS G.Mendenhall*, Winona Lake 1983, 59-75
R.Yaron, Matrimonial Mishaps at Eshnunna, *JSS* 8, 1963, 1-17
--,The Rejected Bridegroom (LE 25), *Or* (N.S.) 34, 1965, 23-29
--,The Laws of Eshnunna, Jerusalem 1969
--,The Middle Assyrian Laws and the Bible, *Bibl* 51, 1970, 549-557
--,The Goring Ox in Near Eastern Law, in: H.H.Cohn (Hg.),Jewish Law in Ancient and Modern Israel, Jerusalem 1971, 50-60
E.Zenger, Rezension von J.Halbe, Das Privilegrecht Jahwes Ex 34,10-26 (1975), *ThRev* 75, 1979, 278-280

Register

(in Auswahl ohne Kodex Ešnunna und "Bundesbuch")

I.Keilschriftbelege

Kienast Urk. Nr. 91	29 Anm.1
Lipit - ištar K. § 27	52 Anm.1
mass. K. §§ 12; 13; 15	33 Anm.1
mass. K. §§ 21; 50-52	158 Anm.1
mass. K. §§ 55; 56	36
MDP XXII 45; 46; 50; 51	107 Anm.1
NBC 8237	108 Anm.2
NBC 8273	165 Anm.3
PBS 8/2, 107	55 Anm.1
PRU III 82,21; 85,16; 116,3	102
Schorr Urk. 33; 77; 214	49 Anm.3
Schorr Urk. 72, 10-12	86
U. 16900 F	25
UET 5, 79.92	55 Anm.1
UET 5, 93	51
UM -55- 21 - 71 §§ 4-6(7)	158 Anm.1
YOS 1, 28 §§ 1; 2	158 Anm.1
YOS 1, 28 § 7	36
YOS 8, 152	55 Anm.1
YOS 12, 249	52 Anm.1

II. Biblische Belege

ORBIS BIBLICUS ET ORIENTALIS

Bd. 1 OTTO RICKENBACHER: *Weisheitsperikopen bei Ben Sira.* X–214–15* Seiten. 1973. Vergriffen.

Bd. 2 FRANZ SCHNIDER: *Jesus der Prophet.* 298 Seiten. 1973. Vergriffen.

Bd. 3 PAUL ZINGG: *Das Wachsen der Kirche.* Beiträge zur Frage der lukanischen Redaktion und Theologie. 345 Seiten. 1974. Vergriffen.

Bd. 4 KARL JAROŠ: *Die Stellung des Elohisten zur kanaanäischen Religion.* 294 Seiten, 12 Abbildungen. 1982. 2. verbesserte und überarbeitete Auflage.

Bd. 5 OTHMAR KEEL: *Wirkmächtige Siegeszeichen im Alten Testament.* Ikonographische Studien zu Jos 8, 18–26; Ex 17, 8–13; 2 Kön 13, 14–19 und 1 Kön 22, 11. 232 Seiten, 78 Abbildungen. 1974. Vergriffen.

Bd. 6 VITUS HUONDER: *Israel Sohn Gottes.* Zur Deutung eines alttestamentlichen Themas in der jüdischen Exegese des Mittelalters. 231 Seiten. 1975.

Bd. 7 RAINER SCHMITT: *Exodus und Passa. Ihr Zusammenhang im Alten Testament.* 124 Seiten. 1982. 2. neubearbeitete Auflage.

Bd. 8 ADRIAN SCHENKER: *Hexaplarische Psalmenbruchstücke.* Die hexaplarischen Psalmenfragmente der Handschriften Vaticanus graecus 752 und Canonicianus graecus 62. Einleitung, Ausgabe, Erläuterung. XXVIII–446 Seiten. 1975.

Bd. 9 BEAT ZUBER: *Vier Studien zu den Ursprüngen Israels.* Die Sinaifrage und Probleme der Volks- und Traditionsbildung. 152 Seiten. 1976. Vergriffen.

Bd. 10 EDUARDO ARENS: *The* ΗΛΘΟΝ-*Sayings in the Synoptic Tradition.* A Historico-critical Investigation. 370 Seiten. 1976.

Bd. 11 KARL JAROŠ: *Sichem.* Eine archäologische und religionsgeschichtliche Studie, mit besonderer Berücksichtigung von Jos 24. 280 Seiten, 193 Abbildungen. 1976.

Bd. 11a KARL JAROŠ / BRIGITTE DECKERT: *Studien zur Sichem-Area.* 81 Seiten, 23 Abbildungen. 1977.

Bd. 12 WALTER BÜHLMANN: *Vom rechten Reden und Schweigen.* Studien zu Proverbien 10–31. 371 Seiten. 1976.

Bd. 13 IVO MEYER: *Jeremia und die falschen Propheten.* 155 Seiten. 1977. Vergriffen.

Bd. 14 OTHMAR KEEL: *Vögel als Boten.* Studien zu Ps 68, 12–14, Gen 8, 6–12, Koh 10, 20 und dem Aussenden von Botenvögeln in Ägypten. – Mit einem Beitrag von Urs Winter zu Ps 56, 1 und zur Ikonographie der Göttin mit der Taube. 164 Seiten, 44 Abbildungen. 1977.

Bd. 15 MARIE-LOUISE GUBLER: *Die frühesten Deutungen des Todes Jesu.* Eine motivgeschichtliche Darstellung aufgrund der neueren exegetischen Forschung. XVI–424 Seiten. 1977. Vergriffen.

Bd. 16 JEAN ZUMSTEIN: *La condition du croyant dans l'Evangile selon Matthieu.* 467 pages. 1977. Epuisé.

Bd. 17 FRANZ SCHNIDER: *Die verlorenen Söhne.* Strukturanalytische und historisch-kritische Untersuchungen zu Lk 15. 105 Seiten. 1977.

Bd. 18 HEINRICH VALENTIN: *Aaron.* Eine Studie zur vor-priesterschriftlichen Aaron-Überlieferung. VIII–441 Seiten. 1978.

Bd. 19 MASSÉO CALOZ: *Etude sur la LXX origénienne du Psautier.* Les relations entre les leçons des Psaumes du Manuscrit Coislin 44, les Fragments des Hexaples et le texte du Psautier Gallican. 480 pages. 1978.

Bd. 20 RAPHAEL GIVEON: *The Impact of Egypt on Canaan.* Iconographical and Related Studies. 156 Seiten, 73 Abbildungen. 1978.

Bd. 21 DOMINIQUE BARTHÉLEMY: *Etudes d'histoire du texte de l'Ancien Testament.* XXV–419 pages. 1978. Vergriffen.

Bd. 22/1 CESLAS SPICQ: *Notes de Lexicographie néo-testamentaire.* Tome I: p. 1–524. 1978. Epuisé.

Bd. 22/2 CESLAS SPICQ: *Notes de Lexicographie néo-testamentaire.* Tome II: p. 525–980. 1978. Epuisé.

Bd. 22/3 CESLAS SPICQ: *Notes de Lexicographie néo-testamentaire.* Supplément. 698 pages. 1982.

Bd. 23 BRIAN M. NOLAN: *The Royal Son of God.* The Christology of Matthew 1–2 in the Setting of the Gospel. 282 Seiten. 1979.

Bd. 24 KLAUS KIESOW: *Exodustexte im Jesajabuch.* Literarkritische und motivgeschichtliche Analysen. 221 Seiten. 1979.

Bd. 25/1 MICHAEL LATTKE: *Die Oden Salomos in ihrer Bedeutung für Neues Testament und Gnosis.* Band I. Ausführliche Handschriftenbeschreibung. Edition mit deutscher Parallel-Übersetzung. Hermeneutischer Anhang zur gnostischen Interpretation der Oden Salomos in der Pistis Sophia. XI–237 Seiten. 1979.

Bd. 25/1a MICHAEL LATTKE: *Die Oden Salomos in ihrer Bedeutung für Neues Testament und Gnosis.* Band Ia. Der syrische Text der Edition in Estrangela Faksimile des griechischen Papyrus Bodmer XI. 68 Seiten. 1980.

Bd. 25/2 MICHAEL LATTKE: *Die Oden Salomos in ihrer Bedeutung für Neues Testament und Gnosis.* Band II. Vollständige Wortkonkordanz zur handschriftlichen, griechischen, koptischen, lateinischen und syrischen Überlieferung der Oden Salomos. Mit einem Faksimile des Kodex N. XVI–201 Seiten. 1979.

Bd. 25/3 MICHAEL LATTKE: *Die Oden Salomos in ihrer Bedeutung für Neues Testament und Gnosis.* Band III. XXXIV–478 Seiten. 1986.

Bd. 26 MAX KÜCHLER: *Frühjüdische Weisheitstraditionen.* Zum Fortgang weisheitlichen Denkens im Bereich des frühjüdischen Jahweglaubens. 703 Seiten. 1979.

Bd. 27 JOSEF M. OESCH: *Petucha und Setuma.* Untersuchungen zu einer überlieferten Gliederung im hebräischen Text des Alten Testaments. XX–392–37* Seiten. 1979.

Bd. 28 ERIK HORNUNG/OTHMAR KEEL (Herausgeber): *Studien zu altägyptischen Lebenslehren.* 394 Seiten. 1979.

Bd. 29 HERMANN ALEXANDER SCHLÖGL: *Der Gott Tatenen.* Nach Texten und Bildern des Neuen Reiches. 216 Seiten, 14 Abbildungen. 1980.

Bd. 30 JOHANN JAKOB STAMM: *Beiträge zur Hebräischen und Altorientalischen Namenkunde.* XVI–264 Seiten. 1980.

Bd. 31 HELMUT UTZSCHNEIDER: *Hosea - Prophet vor dem Ende.* Zum Verhältnis von Geschichte und Institution in der alttestamentlichen Prophetie. 260 Seiten. 1980.

Bd. 32 PETER WEIMAR: *Die Berufung des Mose.* Literaturwissenschaftliche Analyse von Exodus 2, 23–5, 5. 402 Seiten. 1980.

Bd. 33 OTHMAR KEEL: *Das Böcklein in der Milch seiner Mutter und Verwandtes.* Im Lichte eines altorientalischen Bildmotivs. 163 Seiten, 141 Abbildungen. 1980.

Bd. 34 PIERRE AUFFRET: *Hymnes d'Egypte et d'Israël.* Etudes de structures littéraires. 316 pages, 1 illustration. 1981.

Bd. 35 ARIE VAN DER KOOIJ: *Die alten Textzeugen des Jesajabuches.* Ein Beitrag zur Textgeschichte des Alten Testaments. 388 Seiten. 1981.

Bd. 36 CARMEL McCARTHY: *The Tiqqune Sopherim and Other Theological Corrections in the Masoretic Text of the Old Testament.* 280 Seiten. 1981.

Bd. 37 BARBARA L. BEGELSBACHER-FISCHER: *Untersuchungen zur Götterwelt des Alten Reiches im Spiegel der Privatgräber der IV. und V. Dynastie.* 336 Seiten. 1981.

Bd. 38 MÉLANGES DOMINIQUE BARTHÉLEMY. *Etudes bibliques offertes à l'occasion de son 60e anniversaire.* Edités par Pierre Casetti, Othmar Keel et Adrian Schenker. 724 pages, 31 illustrations. 1981.

Bd. 39 ANDRÉ LEMAIRE: *Les écoles et la formation de la Bible dans l'ancien Israël.* 142 pages, 14 illustrations. 1981.

Bd. 40 JOSEPH HENNINGER: *Arabica Sacra.* Aufsätze zur Religionsgeschichte Arabiens und seiner Randgebiete. Contributions à l'histoire religieuse de l'Arabie et de ses régions limitrophes. 347 Seiten. 1981.

Bd. 41 DANIEL VON ALLMEN: *La famille de Dieu.* La symbolique familiale dans le paulinisme. LXVII–330 pages, 27 planches. 1981.

Bd. 42 ADRIAN SCHENKER: *Der Mächtige im Schmelzofen des Mitleids.* Eine Interpretation von 2 Sam 24. 92 Seiten. 1982.

Bd. 43 PAUL DESELAERS: *Das Buch Tobit.* Studien zu seiner Entstehung, Komposition und Theologie. 532 Seiten + Übersetzung 16 Seiten. 1982.

Bd. 44 PIERRE CASETTI: *Gibt es ein Leben vor dem Tod?* Eine Auslegung von Psalm 49. 315 Seiten. 1982.

Bd. 45 FRANK-LOTHAR HOSSFELD: *Der Dekalog.* Seine späten Fassungen, die originale Komposition und seine Vorstufen. 308 Seiten. 1982. Vergriffen.

Bd. 46 ERIK HORNUNG: *Der ägyptische Mythos von der Himmelskuh.* Eine Ätiologie des Unvollkommenen. Unter Mitarbeit von Andreas Brodbeck, Hermann Schlögl und Elisabeth Staehelin und mit einem Beitrag von Gerhard Fecht. XII–129 Seiten, 10 Abbildungen. 1982.

Bd. 47 PIERRE CHERIX: *Le Concept de Notre Grande Puissance (CG VI, 4).* Texte, remarques philologiques, traduction et notes. XIV–95 pages. 1982.

Bd. 48 JAN ASSMANN/WALTER BURKERT/FRITZ STOLZ: *Funktionen und Leistungen des Mythos.* Drei altorientalische Beispiele. 118 Seiten, 17 Abbildungen. 1982. Vergriffen.

Bd. 49 PIERRE AUFFRET: *La sagesse a bâti sa maison.* Etudes de structures littéraires dans l'Ancien Testament et spécialement dans les psaumes. 580 pages. 1982.

Bd. 50/1 DOMINIQUE BARTHÉLEMY: *Critique textuelle de l'Ancien Testament.* 1. Josué, Juges, Ruth, Samuel, Rois, Chroniques, Esdras, Néhémie, Esther. Rapport final du Comité pour l'analyse textuelle de l'Ancien Testament hébreu institué par l'Alliance Biblique Universelle, établi en coopération avec Alexander R. Hulst †, Norbert Lohfink, William D. McHardy, H. Peter Rüger, coéditeur, James A. Sanders, coéditeur. 812 pages. 1982.

Bd. 50/2 DOMINIQUE BARTHÉLEMY: *Critique textuelle de l'Ancien Testament.* 2. Isaïe, Jérémie, Lamentations. Rapport final du Comité pour l'analyse textuelle de l'Ancien Testament hébreu institué par l'Alliance Biblique Universelle, établi en coopération avec Alexander R. Hulst †, Norbert Lohfink, William D. McHardy, H. Peter Rüger, coéditeur, James A. Sanders, coéditeur. 1112 pages. 1986.

Bd. 51 JAN ASSMANN: *Re und Amun.* Die Krise des polytheistischen Weltbilds im Ägypten der 18.–20. Dynastie. XII–309 Seiten. 1983.

Bd. 52 MIRIAM LICHTHEIM: *Late Egyptian Wisdom Literature in the International Context.* A Study of Demotic Instructions. X–240 Seiten. 1983.

Bd. 53 URS WINTER: *Frau und Göttin.* Exegetische und ikonographische Studien zum weiblichen Gottesbild im Alten Israel und in dessen Umwelt. XVIII–928 Seiten, 520 Abbildungen. 1987. 2. Auflage. Mit einem Nachwort zur 2. Auflage.

Bd. 54 PAUL MAIBERGER: *Topographische und historische Untersuchungen zum Sinaiproblem.* Worauf beruht die Identifizierung des Ǧabal Mūsā mit dem Sinai? 189 Seiten, 13 Tafeln. 1984.

Bd. 55 PETER FREI/KLAUS KOCH: *Reichsidee und Reichsorganisation im Perserreich.* 119 Seiten, 17 Abbildungen. 1984. Vergriffen.

Bd. 56 HANS-PETER MÜLLER: *Vergleich und Metapher im Hohenlied.* 59 Seiten. 1984.

Bd. 57 STEPHEN PISANO: *Additions or Omissions in the Books of Samuel.* The Significant Pluses and Minuses in the Massoretic, LXX and Qumran Texts. XIV–295 Seiten. 1984.

Bd. 58 ODO CAMPONOVO: *Königtum, Königsherrschaft und Reich Gottes in den Frühjüdischen Schriften.* XVI–492 Seiten. 1984.

Bd. 59 JAMES KARL HOFFMEIER: *Sacred in the Vocabulary of Ancient Egypt.* The Term *DSR*, with Special Reference to Dynasties I–XX. XXIV–281 Seiten, 24 Figures. 1985.

Bd. 60 CHRISTIAN HERRMANN: *Formen für ägyptische Fayencen.* Katalog der Sammlung des Biblischen Instituts der Universität Freiburg Schweiz und einer Privatsammlung. XXVIII-199 Seiten. 1985.

Bd. 61 HELMUT ENGEL: *Die Susanna-Erzählung.* Einleitung, Übersetzung und Kommentar zum Septuaginta-Text und zur Theodition-Bearbeitung. 205 Seiten + Anhang 11 Seiten. 1985.

Bd. 62 ERNST KUTSCH: *Die chronologischen Daten des Ezechielbuches.* 82 Seiten. 1985.

Bd. 63 MANFRED HUTTER: *Altorientalische Vorstellungen von der Unterwelt.* Literar- und religionsgeschichtliche Überlegungen zu «Nergal und Ereškigal». VIII–187 Seiten. 1985.

Bd. 64 HELGA WEIPPERT/KLAUS SEYBOLD/MANFRED WEIPPERT: *Beiträge zur prophetischen Bildsprache in Israel und Assyrien.* IX–93 Seiten. 1985.

Bd. 65 ABDEL-AZIZ FAHMY SADEK: *Contribution à l'étude de l'Amdouat.* Les variantes tardives du Livre de l'Amdouat dans les papyrus du Musée du Caire. XVI–400 pages, 175 illustrations. 1985.

Bd. 66 HANS-PETER STÄHLI: *Solare Elemente im Jahweglauben des Alten Testamentes.* X–60 Seiten. 1985.

Bd. 67 OTHMAR KEEL / SILVIA SCHROER: *Studien zu den Stempelsiegeln aus Palästina/Israel.* Band I. 115 Seiten, 103 Abbildungen. 1985.

Bd. 68 WALTER BEYERLIN: *Weisheitliche Vergewisserung mit Bezug auf den Zionskult.* Studien zum 125. Psalm. 96 Seiten. 1985.

Bd. 69 RAPHAEL VENTURA: *Living in a City of the Dead.* A Selection of Topographical and Administrative Terms in the Documents of the Theban Necropolis. XII–232 Seiten. 1986.

Bd. 70 CLEMENS LOCHER: *Die Ehre einer Frau in Israel.* Exegetische und rechtsvergleichende Studien zu Dtn 22, 13–21. XVIII–464 Seiten. 1986.

Bd. 71 HANS-PETER MATHYS: *Liebe deinen Nächsten wie dich selbst.* Untersuchungen zum alttestamentlichen Gebot der Nächstenliebe (Lev 19, 18). XIV–196 Seiten. 1986.

Bd. 72 FRIEDRICH ABITZ: *Ramses III. in den Gräbern seiner Söhne.* 156 Seiten, 31 Abbildungen. 1986.

Bd. 73 DOMINIQUE BARTHÉLEMY/DAVID W. GOODING/JOHAN LUST/EMANUEL TOV: *The Story of David and Goliath.* 160 Seiten. 1986.

Bd. 74 SILVIA SCHROER: *In Israel gab es Bilder.* Nachrichten von darstellender Kunst im Alten Testament. XVI–553 Seiten, 146 Abbildungen. 1987.

Bd. 75 ALAN R. SCHULMAN: *Ceremonial Execution and Public Rewards.* Some Historical Scenes on New Kingdom Private Stelae. 296 Seiten. 41 Abbildungen. 1987.

Bd. 76 JOŽE KRAŠOVEC: *La justice (Ṣdq) de Dieu dans la Bible hébraïque et l'interprétation juive et chrétienne.* 456 pages. 1988.

Bd. 77 HELMUT UTZSCHNEIDER: *Das Heiligtum und das Gesetz.* Studien zur Bedeutung der sinaitischen Heiligtumstexte (Ez 25–40; Lev 8–9). XIV–326 Seiten. 1988.

Bd. 78 BERNARD GOSSE: *Isaie 13,1-14,23.* Dans la tradition littéraire du livre d'Isaïe et dans la tradition des oracles contre les nations. 308 pages. 1988.

Bd. 79 INKE W. SCHUMACHER: *Der Gott Sopdu - Der Herr der Fremdländer.* XVI–364 Seiten, 6 Abbildungen. 1988.

Bd. 80 HELLMUT BRUNNER: *Das hörende Herz.* Kleine Schriften zur Religions- und Geistesgeschichte Ägyptens. Herausgegeben von Wolfgang Röllig. 449 Seiten, 55 Abbildungen. 1988.

Bd. 81 WALTER BEYERLIN: *Bleilot, Brecheisen oder was sonst?* Revision einer Amos-Vision. 68 Seiten. 1988.

Bd. 82 MANFRED HUTTER: *Behexung, Entsühnung und Heilung.* Das Ritual der Tunnawiya für ein Königspaar aus mittelhethitischer Zeit (KBo XXI 1 – KUB IX 34 – KBo XXI 6). 186 Seiten. 1988.

Bd. 83 RAPHAEL GIVEON: *Scarabs from Recent Excavations in Israel.* 114 Seiten, 9 Tafeln. 1988.

Bd. 84 MIRIAM LICHTHEIM: *Ancient Egyptian Autobiographies chiefly of the Middle Kingdom.* A Study and an Anthology. 200 Seiten, 10 Seiten Abbildungen. 1988.

Bd. 85 ECKART OTTO: *Rechtsgeschichte der Redaktionen im Kodex Ešnunna und im «Bundesbuch».* Eine redaktionsgeschichtliche und rechtsvergleichende Studie zu altbabylonischen und altisraelitischen Rechtsüberlieferungen. 220 Seiten. 1989.

UNIVERSITÄTSVERLAG FREIBURG SCHWEIZ